la Philosophe, le Chien et le Mariage

Ouvrage publié avec le concours de
la Fondation néerlandaise des lettres.

Nederlands letterenfonds
dutch foundation
for literature

www.editionspaquet.com

Traduit du néerlandais par Philippe Nihoul
1re édition · PAO : StoneBundle.ch
ISBN : 978-2-88932-291-6 · Dépôt légal : juin 2022
Imprimé en Lettonie par Jelgavas Tipogrāfija

BARBARA STOK

la Philosophe, le Chien et le Mariage

PAQUET

C'EST ICI.
C'EST ICI QU'ELLE A VÉCU.
40
ΜΑΡΩΝΕΙΑ
IL Y A PLUS DE 2300 ANS.

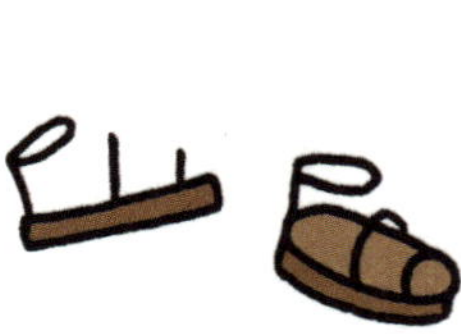

VOICI L'HISTOIRE
D'HIPPARCHIA,
L'UNE DES PREMIÈRES
FEMMES PHILOSOPHES.

ELLE COMMENCE À
MARONEIA, DANS LE
NORD DE LA GRÈCE.
AU QUATRIÈME
SIÈCLE AVANT
JÉSUS-CHRIST, AU
TEMPS D'ALEXANDRE
LE GRAND.

HIPPARCHIA NE SAIT
PAS ENCORE QUE
SA VIE EST SUR LE
POINT DE PRENDRE
UN TOURNANT
RADICAL.

I

eudaimonia

bonheur

QU'EST-CE QU'UNE VIE HEUREUSE ? VOILÀ UNE QUESTION INTÉRESSANTE... PARLONS-EN.

POUR MOI, C'EST CLAIR : LA PLUS HEUREUSE DES VIES EST CELLE QUI NOUS APPORTE LE PLUS DE PLAISIRS POSSIBLE.
POUR MOI, LE BONHEUR EST SYNONYME DE SUCCÈS... RÉUSSIR À ATTEINDRE LES BUTS QUE L'ON S'EST FIXÉS.

LE BONHEUR NE VIENT-IL PAS ALORS DE CE QUE L'ON FAIT ? QUE L'ON RÉALISE QUELQUE CHOSE OU QUE L'ON EN PROFITE ?
PEUT-ON ÊTRE AUSSI HEUREUX EN FAISANT LA FÊTE QU'EN CONCLUANT UNE AFFAIRE, PAR EXEMPLE ?

JE LE PENSE, OUI. SIMPLEMENT FAIRE CE DONT ON A ENVIE.
ALLONS ALORS PLUS LOIN, MESSIEURS. SI NOUS SUPPOSONS QUE...

BONJOUUUUUR ! REGARDEZ CE QUE JE VOUS APPORTE, AUJOURD'HUI !
J'AI PLEIN DE BONNES CHOSES...

PÈRE ET GRAND-PÈRE ONT ENCORE ORGANISÉ UNE PETITE FÊTE.
ELLE A DURÉ JUSQUE TARD DANS LA NUIT. C'ÉTAIT SI PASSIONNANT, LES AMIS !

ILS ONT DISCOURU SUR LE BONHEUR : COMMENT ÊTRE LE PLUS HEUREUX POSSIBLE ?
PÈRE AVAIT DES ARGUMENTS SI CONVAINCANTS QUE TOUS SE SONT RANGÉS À SON OPINION.
MAIS MOI, JE NE PARTAGE PAS SON AVIS.

JE PENSE QUE POUR ÊTRE VRAIMENT HEUREUSE, UNE PERSONNE DOIT MENER UNE VIE HARMONIEUSE ET ÉQUILIBRÉE !

C'EST DANS CE LIVRE SUR SOCRATE DONT JE VOUS AI DÉJÀ BEAUCOUP PARLÉ.
JE SUIS EN TRAIN DE LE RELIRE À NOUVEAU. JE VEUX ÊTRE SÛRE DE BIEN COMPRENDRE SA VISION.

CELA TRAITE DE LA FAÇON DONT NOUS DEVONS VIVRE. POUR SOCRATE, C'EST LA QUESTION LA PLUS IMPORTANTE DE TOUTES.
QU'EST-CE QU'UNE BONNE VIE ?

DU COURRIER D'ATHÈNES.

HIPPARCHIA, J'AI DE GRANDES NOUVELLES !
TU PARS À ATHÈNES POUR RENCONTRER UN PRÉTENDANT.
LE FILS DE MON VIEIL AMI LEANDROS.
UNE FAMILLE TRÈS EN VUE.

J'AI MIS BEAUCOUP DE CŒUR POUR LE CONVAINCRE...
...ET J'AI RÉUSSI ! JE T'AI DÉCROCHÉ UNE ENTREVUE !
OH, MERCI, PÈRE !
ILS POSSÈDENT UN GRAND DOMAINE, JUSTE EN DEHORS D'ATHÈNES.

IL S'APPELLE KALLIOS, FILS DE LEANDROS.
KALLIOS...
À QUOI PEUT-IL RESSEMBLER ?

QUELS SONT SES PHILOSOPHES PRÉFÉRÉS ?
CETTE FOIS, JE NE PEUX PAS MERDER.

VOTRE TANTE ET VOTRE COUSINE SONT ARRIVÉES...
EH BIEN, MA CHÉRIE, ON DIRAIT QUE LE GRAND MOMENT EST ENFIN LÀ ?!
EN ROUTE POUR ATHÈNES !
À DIRE VRAI, JE COMMENÇAIS À ME FAIRE DU SOUCI À TON SUJET.

JE SUIS TELLEMENT SOULAGÉE QUE TON PÈRE AIT MALGRÉ TOUT RÉUSSI À TE TROUVER UN NOUVEAU PRÉTENDANT.
À TON ÂGE...
MON FRÈRE M'A ÉCRIT QU'ATHÈNES ÉTAIT LE CENTRE DE LA CONNAISSANCE !
C'EST LÀ QUE SOCRATE A VÉCU.
LA PREMIÈRE IMPRESSION EST ESSENTIELLE !
TU TE SENS NERVEUSE ?

IL FAUT TE CHOISIR UNE TENUE APPROPRIÉE. TU DOIS AVOIR L'AIR DOUCE, TOUT EN ÉTANT ATTIRANTE. ET RAYONNER DE CLASSE ET D'ÉLÉGANCE.
CHOISIS UN MAQUILLAGE DOUX ET SUBTIL.
COMMENT SE SONT PASSÉES CES PREMIÈRES RENCONTRES POUR VOUS ?
ÇA A ÉTÉ LE COUP DE FOUDRE ?
OH, CELA FAIT SI LONGTEMPS ...
NON, NON, BIEN SÛR. C'EST TOUT À FAIT NORMAL. IL M'A FALLU PLUSIEURS ANNÉES POUR M'HABITUER À TON ONCLE.
IL FAUT DIRE QU'IL AVAIT 20 ANS DE PLUS. J'AVAIS 14 ANS.
AU PREMIER ABORD... JE L'AI TROUVÉ... COMMENT DIRE... UN PEU EFFRAYANT.

ET REGARDE-NOUS MAINTENANT : TROIS FILS EN BONNE SANTÉ, DEUX PETITS-ENFANTS À LA MAISON...
ET UNE BELLE-FILLE DÉVOUÉE.
ÊTES-VOUS HEUREUSE ?
UNE FEMME EST HEUREUSE QUAND SON MARI L'EST.
SOCRATE DISAIT QUE L'ON NE PEUT ÊTRE VRAIMENT HEUREUX QUE SI L'ON VIT BIEN : SI L'ON DÉVELOPPE UN BON "MOI" INTÉRIEUR.
DONC, MAINTENANT JE ME DEMANDE ...
ENCORE QUELQUE CHOSE QUE TU AS LU QUELQUE PART ?

COMBIEN DE FOIS T'AI-JE DIT QUE CE N'ÉTAIT PAS SAIN ? CES LIVRES N'ONT PAS ÉTÉ ÉCRITS POUR NOUS.
TON PÈRE T'A LAISSÉ BEAUCOUP TROP DE LIBERTÉ À CE SUJET. TU GÂCHES TA FÉMINITÉ.
TOI ET TON SULPHATE.
MAIS...
JE ME DEMANDE CE QUE SIGNIFIE "BIEN VIVRE", DANS MON CAS.
QU'EST-CE QU'UNE BONNE ÉPOUSE ?
ALLONS, MA FILLE, NE T'INQUIÈTE PAS POUR ÇA. JE SUIS SÛRE QUE TU SERAS UNE AUSSI BONNE MAÎTRESSE DE MAISON QUE L'ÉTAIT TA MÈRE.

Si tu continues à t'exercer au tissage, tu finiras par y arriver.
Mais d'abord, concentre-toi sur l'entrevue. C'est beaucoup plus important pour le moment.

Une bonne épouse est une bonne maîtresse de maison ?
Rappelle-toi : n'aborde pas les sujets délicats, d'accord ? C'est là que ça a mal tourné la dernière fois.
Pourquoi ça ?

Ce n'est pas très attirant pour un homme. Et tu peux être si belle quand tu le veux.
Non, je veux dire, pourquoi certaines caractéristiques font d'une femme une bonne épouse et d'autres pas ?
C'est comme ça, c'est tout.

EST-CE LA NATURE QUI L'A DÉTERMINÉ AINSI ?
TU VOIS, TU RECOMMENCES ! TU TE LAISSES DISTRAIRE PAR CES BÊTISES ! TU PENSES TROP.
CONTINUE ET TU VAS ENCORE ÊTRE RÉPUDIÉE !
TU RÉALISES QUE C'EST PROBABLEMENT TA DERNIÈRE CHANCE DE TROUVER UN MARI RESPECTABLE ?
CONTENTE-TOI SIMPLEMENT D'ÉCOUTER POLIMENT ET DE SOURIRE.
ET CHOISIS UNE PALETTE DE COULEURS CLASSIQUES.

ÇA AVANCE, CES BAGAGES ?
IL ME MANQUE ENCORE UNE CAISSE POUR MES CHAUSSURES ET...
HÉ, QUE FAIT CE LIVRE DANS TES BAGAGES ?
JE PENSAIS, EUH... QUE C'ÉTAIT PEUT-ÊTRE CELUI DE MÉTROCLÈS. JE VOULAIS LE LUI RAPPORTER.
NON, PAS DU TOUT. IL N'APPARTIENT PAS À TON FRÈRE.

RAPPORTE ÇA À LA BIBLIOTHÈQUE.

QUEL EST TON PLAT PRÉFÉRÉ, HIPPARCHIA ? NOUS LE MANGERONS POUR TON DERNIER REPAS ICI. DU THON ? DE LA CHÈVRE ?
DE L'ANGUILLE !

DE L'ANGUILLE RÔTIE AVEC DES ARTICHAUTS, DES FIGUES ET DES FEUILLES D'ANÉMONE DE MER À L'HUILE D'OLIVE.

J'AI CROISÉ PYRRHO EN VILLE AUJOURD'HUI. IL A PRIS PART À UNE CAMPAGNE D'ALEXANDRE LE GRAND.
JUSQU'AUX CONFINS DU MONDE.

IL M'A RACONTÉ QU'ILS Y AVAIENT RENCONTRÉ DES HOMMES PRIMITIFS, VIVANT NUS DANS LES FORÊTS ET DORMANT À MÊME LE SOL.

N'EST-IL PAS PATHÉTIQUE D'ÊTRE À CE POINT SOUS-DÉVELOPPÉ ?
ILS NE MANGENT QUE DES FRUITS ET NE BOIVENT QUE DE L'EAU.
COMMENT POUVONS-NOUS ÊTRE SI SÛRS QUE CE MODE DE VIE EST MOINS DÉVELOPPÉ QUE LE NÔTRE ? NE SE POURRAIT-IL QUE...
UNE CHANCE POUR EUX QU'ALEXANDRE LEUR AIT APPORTÉ LA CIVILISATION.
IL A MÊME PARLÉ DE "PHILOSOPHES NUS". AH AH AH !
DES PHILOSOPHES ! CES SAUVAGES !

BONNE NUIT, HIPPARCHIA. NOUS PARTONS DÈS LE LEVER DU SOLEIL.
BONNE NUIT, PÈRE.

JE PARS EN VOYAGE, TRÈS TRÈS LOIN.
IL SE PEUT QUE JE NE REVIENNE JAMAIS.

TU AS TOUT CE DONT TU AURAS BESOIN ?

TON FRÈRE M'A ÉCRIT QU'IL ATTENDAIT TON ARRIVÉE AVEC IMPATIENCE.

JE VAIS TE DONNER LE CONSEIL QUE JE LUI AI DONNÉ QUAND IL A QUITTÉ LA MAISON : FAIS TOUJOURS DE TON MIEUX POUR REMPLIR TON RÔLE AU MIEUX !

MON RÔLE D'ÊTRE HUMAIN OU MON RÔLE DE FEMME ? OU BIEN EST-CE LA MÊME CHOSE ?

BIEN SÛR QUE NON. LES DIEUX DONNENT À CHACUN UN RÔLE SPÉCIFIQUE À REMPLIR.
LES ANIMAUX AUSSI ?

LES ANIMAUX PEUVENT-ILS ÊTRE HEUREUX ?
AH AH ! C'EST COMPLÈTEMENT ABSURDE !
POURQUOI DONC ?
PARCE QUE C'EST COMME ÇA !

TA MÈRE SERAIT SI FIÈRE DE TOI.

II

paracharassein déconstruire le système de valeurs

MÉTROCLÈS !
AAAH ! MA PETITE SŒUR, ENFIN !

NOUS PARTONS IMMÉDIATEMENT. LE VOYAGE EST LONG ET J'AI ENCORE BEAUCOUP DE CHOSES À FAIRE.
JE DOIS RATTRAPER BEAUCOUP DE COURS, PARCE QUE J'AI ÉTÉ MALADE...

...ET CE SOIR, J'AI UNE FÊTE, À LAQUELLE JE N'AI PAS VRAIMENT ENVIE D'ASSISTER, MAIS BON...
QU'EST-CE QUE TU AS ATTRAPÉ? RIEN DE GRAVE, J'ESPÈRE?

DES CRAMPES D'ESTOMAC AVEC DE TERRIBLES FLATULENCES. DEPUIS SIX JOURS. AFFREUX, AFFREUX, AFFREUX !
ET MON PROFESSEUR VA À UN RYTHME D'ENFER. DONC DÉSORMAIS, JE DOIS VRAIMENT TRAVAILLER DUR, SINON JE VAIS PRENDRE TROP DE RETARD.
QU'APPRENEZ-VOUS ?
"LE TEMPS EST UN BIEN TRÈS PRÉCIEUX", A-T-IL COUTUME DE DIRE.
OH, ÇA CHANGE TOUT LE TEMPS.
DÈS QUE JE T'AURAI DÉPOSÉE À LA MAISON, JE FILE DIRECTEMENT À MES CONFÉRENCES. JE SUIS DÉJÀ EN RETARD.

DE QUELS SUJETS TRAITENT-ELLES ?
ÉTHIQUE, POLITIQUE, NATURE, LOGIQUE...

ÉCARTE-TOI DU CHEMIN AVEC TES MOUTONS ! TU BLOQUES TOUTE LA ROUTE !
MES EXCUSES, DÉSOLÉ, JE...

POURQUOI TANT DE HÂTE ?
JE DOIS ALLER AU LYCÉE ! JE VAIS MANQUER MON COURS À CAUSE DE CES MOUTONS !
VOYEZ-VOUS ÇA ?... UN ÉTUDIANT EN PHILOSOPHIE. UN HOMME À LA RECHERCHE DE LA SAGESSE.
UN DÉBUTANT, À CE QU'IL SEMBLERAIT ?
NON, NON, CERTAINEMENT PAS. J'ÉTUDIE DEPUIS PLUS DE SIX ANS.
SI, APRÈS SIX ANS D'ÉTUDES, TU TE LAISSES ENCORE DÉSTABILISER PAR QUELQUES MOUTONS SUR LA ROUTE, TU CHERCHES MANIFESTEMENT LA SAGESSE AU MAUVAIS ENDROIT.

JE N'EN REVIENS PAS !
POUR QUI SE PREND-IL, CE POUILLEUX ? COMMENT OSE-T-IL T'INSULTER DE LA SORTE ?!
C'ÉTAIT CRATÈS, UN CÉLÈBRE PHILOSOPHE DE LA VILLE.
UN PHILOSOPHE ?!
CERTAINS LE CONSIDÈRENT COMME LE NOUVEAU SOCRATE.

PLUS DE 65 000 PERSONNES VIVENT À ATHÈNES.
ÉTRANGERS INCLUS.

SANS COMPTER LES FEMMES ET LES ESCLAVES, JE SUPPOSE ?
ÉVIDEMMENT... ON NE COMPTE PAS LES CHEVAUX NON PLUS !

NOUS Y SOMMES ! C'EST ICI QUE JE VIS.
LES ESCLAVES VONT TE FAIRE VISITER.

À L'ÉTAGE SE TROUVE LA PIÈCE RÉSERVÉE AUX FEMMES.
AU REZ-DE-CHAUSSÉE, LA SALLE À MANGER DE VOTRE FRÈRE, QUE VOUS POURREZ ÉGALEMENT UTILISER.

ET CECI ?
C'EST SON BUREAU, QUI SERT AUSSI DE BIBLIOTHÈQUE.

CELLE-CI VOUS VA TRÈS BIEN ÉGALEMENT ...

MAIS POUR UN PREMIER RENDEZ-VOUS, JE CHOISIRAIS LA ROSE.
FERA-T-ELLE ASSEZ BONNE IMPRESSION ?

ELLE POSSÈDE UN TRÈS JOLI ÉCLAT, DOUX ET SUBTIL.
À LA FOIS SOPHISTIQUÉ ET MODESTE.
C'EST EXACTEMENT CE QU'IL ME FAUT.
UN HOMME DE QUALITÉ DEVRAIT AUSSI L'APPRÉCIER, N'EST-CE PAS ?
IL VA VOUS TROUVER TRÈS SÉDUISANTE.
JE L'ESPÈRE, JE L'ESPÈRE.

ET PAS DE QUESTIONS SAUGRENUES, HEIN !

ET NE LUI DIS PAS NON PLUS TON ÂGE !

OK, C'EST PARTI.

VOUS DÉSIREZ ?
J'AI RENDEZ-VOUS AVEC KALLIOS ET SON PÈRE. JE VIENS LEUR PRÉSENTER MA SŒUR.
UN MOMENT, JE VOUS PRIE.

QUI VOILÀ ?! TU DOIS ÊTRE MÉTROCLÈS. LA DERNIÈRE FOIS QUE JE T'AI VU, TU N'ÉTAIS ENCORE QU'UN BÉBÉ.
LEANDROS, PUIS-JE VOUS PRÉSENTER...
...MA PETITE SŒUR HIPPARCHIA ?
BIEN, BIEN...
TON PÈRE M'A CONVAINCU DE LUI ACCORDER UNE CHANCE.
KALLIOS A BEAUCOUP DE SOUPIRANTES, COMME TU PEUX T'EN DOUTER.
VENEZ, IL VOUS ATTEND DANS LE JARDIN.

BIENVENUE, HIPPARCHIA !

TU AS VOYAGÉ SEULE DEPUIS MARONEIA ?
SPÉCIALEMENT POUR VOUS.

CE LONG VOYAGE DOIT T'AVOIR ÉPUISÉE.
NON, J'AVAIS TELLEMENT HÂTE DE VOUS RENCONTRER !

TON PÈRE M'A ÉCRIT QUE TU ÉTAIS UNE FILLE CALME ET DIGNE DE CONFIANCE.
EN EFFET.
HIPPARCHIA N'EST PAS COMPLIQUÉE. JOLIE, JAMAIS MALADE...
DANS CE CAS, PUIS-JE TE DEMANDER POURQUOI VOUS NE L'AVEZ PAS MARIÉE PLUS JEUNE ?
CAR NOUS VOULIONS LE MEILLEUR PARTI POUR ELLE. UN HOMME ISSU D'UNE FAMILLE DE NOTRE RANG.

J'AI ENTENDU DIRE QUE VOTRE COMMERCE DE BOIS MARCHAIT BIEN.
NOUS SOMMES LES PLUS IMPORTANTS DANS LE NORD.
NOUS EN LIVRONS MÊME À ALEXANDRE LE GRAND. TOUS SES NAVIRES SONT FAITS DE NOTRE BOIS.
NOTRE FAMILLE A D'EXCELLENTES RELATIONS AVEC LE PALAIS.
ET AVEC LES BONS CONTACTS, NOUS POURRONS NOUS ÉTENDRE À ATHÈNES.
NE PARLONS PAS AFFAIRES EN PRÉSENCE D'UNE JEUNE DAME.
IL Y A DES CHOSES PLUS IMPORTANTES QUE L'ARGENT DANS LA VIE. N'ES-TU PAS D'ACCORD AVEC MOI ?

KALLIOS S'ENTRAÎNE POUR LES JEUX OLYMPIQUES.
LANCER DE JAVELOT... TOUT EST UNE QUESTION DE FORCE ET DE TECHNIQUE.
MON RECORD EST DE 2,2 PLÈTHRES.
ET TOI, HIPPARCHIA, QUELS SONT TES TALENTS ?
JE SUIS SOUCIEUSE DE MON APPARENCE ET ATTENTIONNÉE.
EN EFFET, JE L'AI REMARQUÉ TOUT DE SUITE À LA QUALITÉ DE TON TISSAGE. TU TISSES VRAIMENT TRÈS BIEN. TOUT À FAIT SPLENDIDE.
OUI, EUH... ENFIN...

À DIRE VRAI, CE N'EST PAS MOI QUI...
TU N'AIMES PAS TISSER ?
BIEN SÛR QUE SI ! ET ELLE EST HABITUÉE À GÉRER SEULE TOUTE LA MAISON.
BAH ! TU NE DEVRAS PAS TE CHARGER DE TOUT. SINON, À QUOI SERVIRAIT-IL D'AVOIR DES ESCLAVES, HEIN ?
MERCI INFINIMENT POUR LE TEMPS QUE VOUS NOUS AVEZ ACCORDÉ.
NOUS VOUS FERONS SAVOIR SI ELLE PASSE AU SECOND TOUR.

ÇA S'EST TRÈS BIEN PASSÉ !
TU PENSES QU'ILS M'ONT APPRÉCIÉE ?
PFIOU... BELLE MAISON, HEIN ? CE KALLIOS ME PARAÎT ÊTRE LE TYPE IDÉAL.
SUIS-JE ASSEZ SÉDUISANTE ?
TU T'ES MONTRÉE SOUS TON MEILLEUR JOUR. MAINTENANT, IL NE RESTE QU'À ATTENDRE.

UN PEU COMME CELLE QUE PORTE CETTE FEMME.
ALLONS LUI DEMANDER.
PARDON, MAIS MA MAÎTRESSE AIMERAIT SAVOIR OÙ VOTRE MAÎTRESSE A ACHETÉ SA RAVISSANTE ROBE.
CE QU'ELLE NE TISSE PAS ELLE-MÊME, CETTE FAMILLE L'ACHÈTE CHEZ ARMANIOS. C'EST LE MEILLEUR TAILLEUR DE LA VILLE.
VOUS ÊTES NOUVELLE EN VILLE ?
OUI, JE SUIS VENUE DE MARONEIA POUR RENCONTRER UN PRÉTENDANT À MA MAIN.

CE N'EST QUAND MÊME PAS TOI LA FAMEUSE FILLE DE MARONEIA PROMISE À KALLIOS, FILS DE LEANDROS ?
COMMENT SAVEZ-VOUS ÇA ?
OH OH ! COMME C'EST EXCITANT ! TOUTES LES FILLES SONT JALOUSES DE TOI !
IL EN A DÉJÀ ÉCONDUIT QUATRE !
ARMANIOS SE TROUVE PAR LÀ.
LE MEILLEUR TAILLEUR ! C'EST LUI QU'IL NOUS FAUT.

JE NE VENDS QUE DE LA LAINE ET DU LIN DE LA MEILLEURE QUALITÉ.
AVEC DES MOTIFS EXCLUSIFS, DIRECTEMENT IMPORTÉS D'ALEXANDRIE.

LA QUALITÉ NE SE DÉMODE JAMAIS.
INTEMPOREL, ÉLÉGANT ET ROBUSTE.
AUSSI DÉLICAT QUE LE DOUX BAISER D'UN AMANT.

J'AI OPTÉ POUR UNE LAINE SICILIENNE BLANCHE, TRÈS ORIGINALE, AVEC UN MOTIF DE....
SI TU NE LA FERMES PAS IMMÉDIATEMENT ...
JE DIS ÇA POUR T'AIDER. C'EST TA BÊTISE QUI TE REND MALHEUREUX.
BAF!!

HÉ !
ÇA VA, CRATÈS ?
HAHAHA !
TU VIENS PRÉCISÉMENT DE DÉMONTRER MON HYPOTHÈSE. TU AS BIEN ACCORDÉ TA LYRE, MAIS TA MUSIQUE INTÉRIEURE SONNE TOUJOURS FAUX.
TU T'EFFORCES DE FAIRE DES CHOSES QUI SEMBLENT BONNES, MAIS QUI NE LE SONT PAS VRAIMENT.
TU PEUX Y REMÉDIER. TOUT LE MONDE PEUT APPRENDRE À DEVENIR HEUREUX.

N'ÉTAIT-CE PAS CE PHILOSOPHE ?
CRATÈS, OUI.

JE N'Y RETOURNERAI PLUS !

PLUS JAMAIS ! C'EST LA FIN DE MES ÉTUDES !
QUE SE PASSE-T-IL ?
JE N'AI RIEN PU FAIRE. J'AVAIS TRAVAILLÉ DUR, PARCE QUE J'AVAIS ÉTÉ MALADE.
J'AVAIS PRESQUE RÉSORBÉ MON RETARD, DONC J'AI ENFIN PU À NOUVEAU PARTICIPER AUX DÉBATS.
...CAR LE BUT D'UNE BONNE COEXISTENCE EST D'APPORTER LE BONHEUR À L'ENSEMBLE DE LA SOCIÉTÉ.
MÉTROCLÈS, AS-TU UN CONTRE-ARGUMENT À LUI OPPOSER ?

LE PLAISIR N'APPORTE PAS NÉCESSAIREMENT LE BONHEUR.
DONC, SELON TOI, LE PLAISIR NE REND PAS HEUREUX ?
À COURT TERME, PEUT-ÊTRE.
MAIS SI CHACUN NE RECHERCHE QUE SON PLAISIR ÉGOÏSTE, CELA FINIT PAR NUIRE À LA COLLECTIVITÉ. NOUS NE DEVONS JAMAIS OUBLIER QUE NOUS NE SOMMES QU'UNE COMPOSANTE D'UN TOUT.
J'ÉTAIS VRAIMENT BIEN LANCÉ...
ET ALORS ?

C'EST POURQUOI JE...
PRÊÊÊT !!

HAHAHAHAHAHA !!
HAHA!
HAHAHA !!

DES SÉQUELLES DE LA MALADIE, SANS DOUTE. JE PENSAIS EN ÊTRE DÉBARRASSÉ, MAIS APPAREMMENT, CE N'EST PAS LE CAS.
CE N'EST PAS DE CHANCE, EN EFFET.
MA RÉPUTATION EST EN LAMBEAUX.
ET POURQUOI DONC, APRÈS TOUT ? IL ARRIVE À TOUT LE MONDE DE LÂCHER UN PET.
PAS EN PUBLIC !
POURQUOI PAS ? OBJECTIVEMENT, QU'Y A-T-IL DE HONTEUX À ÇA ?
PARCE QUE ! C'EST COMME ÇA !

C'EST LÀ QUE TU ES ?! QUE FAIS-TU CLOÎTRÉ CHEZ TOI ?

CELA FAIT SEPT JOURS QUE TU N'ASSISTES PLUS AUX COURS.
TOUT VA BIEN ?
SI TU ES VENU ESSAYER DE ME CONVAINCRE, ÉPARGNE-TOI CETTE PEINE. JE N'Y RETOURNERAI PLUS.

MA RÉPUTATION EST RUINÉE.
TU NE ME FERAS PAS PASSER CETTE PORTE.
TU NE PEUX PAS RESTER LÀ, ASSIS, TOUTE LA JOURNÉE !
JE SUIS LA RISÉE GÉNÉRALE.
BAH, CE N'EST PAS SI GRAVE, VOYONS.
TOUT LE MONDE À ATHÈNES N'ÉCOUTE PAS LES RAGOTS.
L'ÉTÉ PROCHAIN, TOUT LE MONDE AURA OUBLIÉ.
OUAIS, BIEN SÛR...

TU N'ES PAS DANS TON ÉTAT NORMAL. JE SAIS CE QU'IL TE FAUT.
JE N'AI PAS BESOIN D'AIDE. JE ME DÉBROUILLE TRÈS BIEN.

C'EST ICI QUE VIT MÉTROCLÈS ?
JE NE SUIS PAS INTÉRESSÉ.

CRATÈS ?
TIENS ? L'ÉTUDIANT EN PHILOSOPHIE !
TU ES VENU SPÉCIALEMENT POUR MOI ?
ON M'A DIT QUE TU N'OSAIS PLUS PASSER CETTE PORTE.
JE ME SUIS EFFROYABLEMENT RIDICULISÉ EN PLEIN DÉBAT PUBLIC.
MA RÉPUTATION EST PAR TERRE.
HM…

OÙ ÉTUDIES-TU DÉJÀ ? N'EST-CE PAS À L'ÉCOLE D'ARISTOTE ?
AU LYCÉE, C'EST ÇA.
JE N'AI PAS REÇU DE COURS D'ARISTOTE LUI-MÊME, MAIS DE SON SUCCESSEUR. AVANT, J'ÉTAIS À L'ACADÉMIE DE PLATON.
TU SAIS QUEL EST LE PROBLÈME AVEC CES ENSEIGNEMENTS ? ILS NE FONT QUE DISCOURIR DE JUSTICE ET DE BONNE VIE À LONGUEUR DE TEMPS...
MAIS ILS SONT INCAPABLES DE METTRE LEUR DISCOURS EN PRATIQUE.

ALLONS, LE BUT ULTIME D'ARISTOTE EST AU CONTRAIRE UNE VIE EXCELLENTE ET VERTUEUSE...
ET PLATON LUI-MÊME POURSUIT...
PRREEUT!!
PRRRR
AH, ÇA FAIT DU BIEN ! HÉ HÉ.
HAHAHAHA!!!

Crois-moi, la réputation n'est jamais qu'une opinion.
Si ton bonheur dépend de l'avis des autres, qu'il soit positif ou négatif, alors tu es victime de la forme d'esclavage la plus pernicieuse qui soit !
Toutes ces conventions sociales ne sont que balivernes. Alors, essaie d'ignorer les futilités.
Ne sois pas esclave de l'opinion des autres !

JE TE REMERCIE DU FOND DU CŒUR.
JE SUIS LÀ POUR ÇA.
POURRAIS-TU ALLER M'ACHETER UN LIVRE DE CRATÈS DÈS DEMAIN ?
LEQUEL ? SES PARODIES ? SES POÈMES ? UN AUTRE ?
ZEUS TOUT PUISSANT, MA BOURSE EST PRESQUE VIDE. L'ARGENT ME FILE ENTRE LES DOIGTS.
POURQUOI FAUT-IL TOUJOURS QUE PÈRE METTE TANT DE TEMPS À M'ENVOYER DE NOUVELLES MINES ? NOUS ALLONS BIENTÔT MOURIR DE FAMINE.

ÉTRANGE PERSONNAGE, CE CRATÈS...
TU L'AS DIT. CES CYNIQUES SONT DES GENS À PART.

SON PRÉCEPTEUR ÉTAIT DIOGÈNE. IL EST MORT CET HIVER, EN RETENANT SA RESPIRATION. CES CYNIQUES SONT VRAIMENT DES PHÉNOMÈNES, HEIN ?
ILS SE NOMMENT EUX-MÊMES "LES CHIENS", CAR ILS VIVENT COMME EUX.

DIOGÈNE VIVAIT DANS UN TONNEAU, EN PLEINE RUE. UN CHOIX QU'IL AVAIT LUI-MÊME FAIT.
MAIS POURQUOI FAISAIT-IL ÇA ?
JE TE JURE : DANS UN TONNEAU.
UN JOUR QU'IL PRENAIT LE SOLEIL, ALEXANDRE LE GRAND EST PASSÉ. IL A DEMANDÉ À DIOGÈNE S'IL AVAIT BESOIN DE QUELQUE CHOSE. "JE PEUX TE DONNER TOUT CE QUE TU VEUX", LUI A-T-IL DIT...
MAIS DIOGÈNE LUI A SIMPLEMENT RÉPONDU...
ÔTE-TOI DE MON SOLEIL !

D'ÉTRANGES HISTOIRES CIRCULENT À PROPOS DE CRATÈS. IL PARAÎT QU'IL ÉTAIT TRÈS RICHE, MAIS IL AURAIT ABANDONNÉ SES TERRES À DES BERGERS ET JETÉ SA FORTUNE DANS L'OCÉAN.
MAIS ACHÈTE PLUTÔT SON FAMEUX JOURNAL.
UN MESSAGE DE LEANDROS !
NOUS SOMMES CONVIÉS À UNE DEUXIÈME RENCONTRE !

III

physis

nature

VOICI LA SALLE DE BAINS DES DAMES...

ET LA PIÈCE RÉSERVÉE AU TISSAGE.

LE COMMERCE DE L'ARGENT MARCHE BIEN, ON DIRAIT.
C'EST UN MARCHÉ EN PLEINE EXPANSION. NOS BÉNÉFICES AUGMENTENT CHAQUE ANNÉE.
ET OÙ EST VOTRE BIBLIOTHÈQUE ?
NOUS N'EN AVONS PAS. NI DE LIVRES NON PLUS, D'AILLEURS !

ÇA POSE UN PROBLÈME ?
TU SAIS LIRE ?
HIPPARCHIA ADORE LA LECTURE.
ÇA ALORS ! UNE FEMME MODERNE ...
ÇA NE ME DÉRANGE PAS, TU SAIS. DANS CETTE MAISON, LES FEMMES FONT CE QU'ELLES VEULENT.
ET QUE LIS-TU ? DE LA POÉSIE ? DES COMÉDIES ? ...

EN FAIT, JE LIS SURTOUT DE LA PHILOSOPHIE.
AH AH AH ! ELLE EST BONNE !
JE NE L'AVAIS PAS VUE VENIR !
REGARDEZ ! LÀ-BAS, AU LOIN, ON APERÇOIT NOS MINES D'ARGENT.

Cher Père,
Nous avons déjà eu deux entrevues. Toutes deux se sont bien déroulées. Cependant, je vis toujours dans la crainte de dire quelque chose de déplacé qui pourrait effrayer Kallios.

Quelque chose de déplacé... Mais, qu'est-ce que cela signifie, en fin de compte ? Une remarque peut-elle être déplacée si elle est vraie ? Vous m'avez dit, juste avant mon départ, que le bonheur résidait dans l'accomplissement des dons que la nature nous avait donnés. Or, je continue à m'interroger sur ces qualités naturelles.
Je sais que, en tant que femme, je ne dois pas m'intéresser à la philosophie. Mais pourquoi doit-il en être ainsi ? Les femmes seraient par essence si différentes des hommes ? Les esclaves sont-ils si différents des citoyens libres ? Les humains, des animaux ? Et si ces opinions n'étaient que simples préjugés ?

CHER PÈRE,
NOUS AVONS DÉJÀ EU DEUX ENTREVUES. TOUTES DEUX SE SONT BIEN DÉROULÉES. JE VOUS SUIS TELLEMENT RECONNAISSANTE D'AVOIR CHOISI KALLIOS POUR MOI ET QU'IL AIT ACCEPTÉ DE ME DONNER UNE CHANCE. J'ESPÈRE POUVOIR VOUS ANNONCER BIENTÔT DE BONNES NOUVELLES.
SINCÈRES SALUTATIONS, HIPPARCHIA
LE LIVRE DE CRATÈS POUR VOTRE FRÈRE. JE LE DÉPOSE ICI ?
OUI, MERCI.

TIENS ? LES ARISTOTÉLICIENS !
SALUT, LES PLATONICIENS !
JE NE SUIS PAS PLATONICIEN, JE SUIS AUTODIDACTE.

ÇA ROULE À L'ACADÉMIE ? VOUS ÊTES "EN FORME" ? AH AH !
JE DIRAIS MÊME QU'ON "EXCELLE", MERCI !
HAHA !
VOUS N'ALLEZ PAS RECOMMENCER !
ET VOUS, VOUS AVEZ ENFIN TROUVÉ LE "JUSTE MILIEU" DU LYCÉE ?

ET ALORS ? AFFAIRE CONCLUE ?
C'EST EN COURS. ON FAIT TOUT CE QU'ON PEUT.
QUELLE AFFAIRE ?
LE MARIAGE DE SA SŒUR.
AVEC KALLIOS.
KALLIOS... LE FILS DE LEANDROS ?
EH BIEN, MON COCHON... BIEN JOUÉ !
PAS ENCORE. LA TROISIÈME RENCONTRE EST DANS ONZE JOURS.

NON, PAS DE HARICOTS POUR LUI !
HAHAHA !
PAS DE FAYOTS POUR MÉTROCLÈS ! AH AH AH !

C'EST ÇA, MARREZ-VOUS ! MAIS CES CONVENTIONS SOCIALES NE SONT QUE BALIVERNES.
D'OÙ SORS-TU CETTE ÉTRANGE ET NOUVELLE SAGESSE ? C'EST CE QU'ON VOUS APPREND AU LYCÉE ?

À DIRE VRAI, ELLE ME VIENT DE CRATÈS.
CRATÈS, LE CHIEN ? LES DIVAGATIONS DE CET OLIBRIUS N'ONT RIEN À VOIR AVEC LA PHILOSOPHIE !

Cratès est le nouveau Socrate. Aussi étonnant que cela puisse paraître, il m'a énormément aidé.
Un Socrate complètement cinglé, alors !

Je le vois presque chaque matin donner ses leçons sous le vieil olivier, près de l'échoppe du savetier.

BON, LES GARS, QUI A UNE IDÉE POUR LE DÉBAT DE CE SOIR ?
JE VOIS BIEN UNE DISCUSSION AUTOUR DE LA NATURE.
NOTRE JEUNE INVITÉ, ÉPICURE, VOUDRAIT PARLER DE LA NATURE. TOUT LE MONDE EST D'ACCORD ?
ÇA ME VA !
POURQUOI PAS ?
D'ACCORD.
ALORS, EN COMMENÇANT PAR LA DROITE, NOUS ALLONS DONNER À TOUR DE RÔLE NOTRE VISION DE LA NATURE.

LE SAVETIER SE TROUVE LÀ-BAS !

PASSE DEVANT. JE VAIS M'ATTARDER UN PEU ICI.
TOUTE SEULE ?
JE TE REJOINS.
...CAR NOUS VIVONS DANS UN MONDE D'IMBÉCILES AU SYSTÈME DE VALEURS COMPLÈTEMENT PERVERTI.

CONTRATS, ACTES DE PROPRIÉTÉ, ACTIONS, RENTES... QUE SONT TOUTES CES CHOSES ?
CE SONT DES ILLUSIONS, FRUITS DE LA CUPIDITÉ, DESTINÉES À BERCER L'ESPRIT DE FAUX ESPOIRS.

MAIS L'OR N'EST PAS OR ET LE SABLE N'EST PAS SABLE ! CAR LE SAGE SAIT QUE TOUS DEUX NE SONT JAMAIS QUE DE LA TERRE.

QUE FAIS-TU ICI ?
EUH... JE NE FAIS QUE PASSER...
C'EST INTERDIT AUX FEMMES.
BIEN SÛR. DÉSOLÉE.
À MOINS QUE TU NE SOIS UNE PROSTITUÉE ?
NON, NON, JE M'EN VAIS.

PARDON, MESSIEURS. JE LUI APPARTIENS.
ALORS, TU DEVRAIS MIEUX VEILLER SUR TA MAÎTRESSE. LES FEMMES N'ONT RIEN À FAIRE ICI.
QUE SE PASSE-T-IL ?
OH, RIEN ! C'EST DÉJÀ RÉGLÉ.

QU'AI-JE À FAIRE D'UN ESCLAVE INCAPABLE DE PROTÉGER MA SŒUR ?!
TU N'AURAIS JAMAIS DÛ LA LAISSER SEULE ! UNE FEMME TOUTE SEULE EN RUE ! AS-TU PERDU TOUT SENS COMMUN ?

SI CELA ARRIVE À NOUVEAU, JE TE VENDS AUX MINES D'ARGENT !

QU'EST-
CE QUE
CECI ?

C'EST IMPOSSIBLE... UN TRAITÉ DE PHILOSOPHIE ÉCRIT PAR UNE CERTAINE PÉRICTIONÈ ?...
ON DIRAIT POURTANT UN NOM DE FEMME...
ÉVIDEMMENT. C'ÉTAIT LA MÈRE DE PLATON !

UNE FEMME PHILOSOPHE ?
BAH… NON, HEIN ! CE N'EST PAS VRAIMENT DE LA PHILOSOPHIE.
ÇA PARLE DE LA FAÇON D'ÊTRE UNE BONNE ÉPOUSE.
" SUR L'HARMONIE DES FEMMES ".
" UNE FEMME EST HARMONIEUSE SI ELLE EST PLEINE DE SAGESSE ET DE CALME. "
TU APPRÉCIERAS CERTAINEMENT SA LECTURE.
C'EST PLUTÔT BIEN ÉCRIT D'AILLEURS.

AH, TU AS TOUT TROUVÉ.
EXACTEMENT CE QUE JE VOULAIS. BEAU TRAVAIL !

PARDONNEZ MA FRANCHISE, MAIS N'EST-CE PAS TROP DANGEREUX ?
C'EST JUSTE POUR UNE FOIS.
NE DÉSIREZ-VOUS PAS QUE JE DEMANDE À UN ESCLAVE MÂLE DE VOUS ACCOMPAGNER ?
NON, NON ! PERSONNE NE DOIT SAVOIR.
VOULEZ-VOUS QUE JE VIENNE AVEC VOUS ? SI QUELQU'UN VENAIT À VOUS DÉMASQUER...
HORS DE QUESTION ! UN HOMME SEUL ATTIRE MOINS L'ATTENTION.

EST-CE CONVAINCANT ?
VOUS ÊTES MÉCONNAIS-SABLE.
PARFAIT.
VOUS SEREZ PRUDENTE, N'EST-CE PAS ?
JE NE SERAI PAS LONGUE.
MÉTROCLÈS EST À SES COURS. LA VOIE EST LIBRE.

LA PLUPART DES HOMMES POURSUIVENT UN MAUVAIS BUT.
ILS S'OBSTINENT À TOURNER EN ROND ET S'ÉPUISENT À RECHERCHER LES MÊMES CHOSES : ARGENT, RENOMMÉE, PLAISIRS. COMME PRIS DANS UN TOURBILLON : ILS NE FONT QUE TOURNER ET TOURNER ENCORE.
SI TU VEUX VRAIMENT ÊTRE HEUREUX, TU DOIS TE LIBÉRER DE CE TOURBILLON.
MAIS COMMENT FAIRE ? COMMENT PEUT-ON EN SORTIR ?

SIMPLEMENT EN RÉALISANT QUE LES NORMES COMMUNÉMENT ACCEPTÉES NE SONT QU'ILLUSIONS.

NUL BESOIN D'AUCUNE ÉTUDE PARTICULIÈRE POUR CELA. VOUS N'AVEZ PAS À LIRE UNE MONTAGNE DE LIVRES.
BIENVENUE !
TOUT CE QUE VOUS AVEZ À FAIRE, C'EST VOUS ENGAGER DE TOUT VOTRE CŒUR À RESPECTER CES DEUX COMMANDEMENTS...

"CONNAIS-TOI TOI-MÊME" ET "DÉCONSTRUIS LE SYSTÈME DE VALEURS".
C'EST LA CLÉ DU BONHEUR.

DÉCONSTRUIRE LE SYSTÈME DE VALEURS SIGNIFIE : REJETER LES RÈGLES COMMUNÉMENT ADMISES ET OUVRIR LES YEUX SUR LA VÉRITÉ.

ATTENDS... JE NE COMPRENDS PAS.
ON NE PEUT PAS REJETER LES RÈGLES DANS LEUR ENSEMBLE !
SANS SYSTÈME DE VALEURS, C'EST LE CHAOS.

ET TOI, LE NOUVEAU ?... COMMENT T'APPELLES-TU ?
EUH... EUH... HIPPARCHIUS.

EH BIEN, HIPPARCHIUS, QUEL EST TON AVIS ?
JE... EUH... JE PENSE...

EUH... JE SUIS TOUT À FAIT D'ACCORD AVEC CE QUE VOUS AVEZ DIT.
MAIS ENCORE ?... DÉVELOPPE !
EH BIEN... AHEM...
JE PENSE QU'IL EST BON DE NE PAS SUIVRE AVEUGLÉMENT LES OPINIONS GÉNÉRALES, MAIS DE LES EXAMINER D'ABORD DE MANIÈRE CRITIQUE.

DONNE-MOI UN EXEMPLE, ALORS.
PRENONS LES ANIMAUX...
L'OPINION LA PLUS RÉPANDUE EST QUE LES ANIMAUX SONT INFÉRIEURS AUX HUMAINS.
CELA SEMBLE ÉVIDENT, NON ?
CELA ME SEMBLE LOGIQUE, CAR LES HUMAINS ONT UNE COMPRÉHENSION SUPÉRIEURE.
MAIS LES CHEVAUX ET LES LIONS ONT PLUS DE FORCE.
NOTRE ESPRIT NOUS REND PLUS FORTS QUE TOUS LES ANIMAUX RÉUNIS.

LA QUESTION EST DONC DE SAVOIR POURQUOI NOUS COMPARONS SELON L'INTELLECT OU LA FORCE. N'Y A-T-IL PAS DE MEILLEUR CRITÈRE À RETENIR ? PLUS FONDAMENTAL ?
COMME ?
COMME NOTRE ESSENCE : NOTRE NATURE LA PLUS PROFONDE.
LA FAÇON DONT NOUS NOUS COMPORTONS SUR CETTE TERRE. LA FAÇON DONT, TOUS, NOUS RESPIRONS, MANGEONS, DORMONS ET MOURONS.
PAR ESSENCE, TOUTE VIE EST PEUT-ÊTRE SEMBLABLE ?

NOUS DEVRIONS PRENDRE EXEMPLE SUR LES ANIMAUX.
PENSEZ-VOUS QUE LES ANIMAUX SONT HEUREUX ?
BIEN SÛR QU'ILS LE SONT.
MOUAIS... JE NE SUIS PAS SÛR. ILS N'ONT MÊME PAS DE MAINS.
REGARDEZ-LES ! ILS SONT TELLEMENT PLUS INSOUCIANTS QUE NOUS. LES DIEUX LES ONT BÉNIS...
...CAR ILS NE POSSÈDENT RIEN !
WAF! WAF!

IL M'A DONNÉ LA PAROLE ET ILS M'ONT PRISE AU SÉRIEUX !
LA PROCHAINE FOIS, NOUS PARLERONS DES VRAIES VALEURS.
LA PROCHAINE FOIS ?!
LES VALEURS DE LA NATURE.

PARFAIT ! LES BOISERIES BRILLENT, LE SOL EST BALAYÉ... TOUT EST PRÊT.
MAINTENANT, TOUT LE MONDE À SON POSTE.

TU ES RESPLENDISSANTE !
LES FLÈCHES D'ÉROS COMMENCENT À FAIRE LEUR EFFET.

VOUS AVEZ UN JOLI PIED-À-TERRE.
C'EST PEU DE CHOSE EN COMPARAISON DE NOTRE DOMAINE DE MARONEIA, BIEN SÛR.
HIPPARCHIA, TU ES PLUS BELLE DE JOUR EN JOUR !
LÀ-BAS, NOUS AVONS 36 ESCLAVES.
ET 44 PLÈTHRES DE TERRES.
J'AI ENTENDU DIRE QU'ALEXANDRE LE GRAND VOUS VISITAIT TRÈS SOUVENT.
EH BIEN, EN FAIT, SON PÈRE EST VENU UNE FOIS.
APPAREMMENT, IL A CONQUIS TOUTE LA PERSE AVEC SES ARMÉES. ILS SONT ALLÉS JUSQU'À LA GRANDE MER EXTÉRIEURE.

EN CHEMIN, IL A MÊME COMBATTU DES DRAGONS, TU LE SAVAIS ?
IL N'A PEUR DE RIEN.
DES DRAGONS CRACHEURS DE FEU, J'AI ENTENDU.

PAR ACHILLE TOUT-PUISSANT ! CETTE FOIS, J'EN AI FINI AVEC TOI !
IL A ATTRAPÉ MON PIED ET M'A TRAÎNÉ...

... À TRAVERS LE DIVIN SANCTUAIRE ♫ ...
HAHA HAHAHA !
TOUT LE MONDE N'EST PAS OUVERT AUX IDÉES DE CRATÈS.
IL DOIT SÛREMENT L'AVOIR MÉRITÉ. CES PHILOSOPHES NE SONT QUE DES FAUTEURS DE TROUBLES.
JE NE DIRAIS PAS ÇA COMME ÇA.
OH, DÉSOLÉ, C'EST LA MATIÈRE QUE TU ÉTUDIES, N'EST-CE PAS ? N'Y VOIS RIEN DE PERSONNEL.
LA PHILOSOPHIE EST LA RECHERCHE DE LA SAGESSE...

...DE LA VÉRITÉ ET DE LA JUSTICE, EN SE BASANT SUR LE RAISONNEMENT PUR.
JE PRÉFÈRE M'OCCUPER DE QUESTIONS PLUS PRATIQUES.

L'ENTRAÎNEMENT PHYSIQUE ! TU DEVRAIS ESSAYER.
LA PHILOSOPHIE EST UNE SORTE D'ENTRAÎNEMENT DE L'ESPRIT.

SOCRATE NE VOYAIT AUCUN INTÉRÊT À VIVRE SANS RÉFLÉCHIR.
PARDON ?
SOCRATE NE VOYAIT PAS...
44 PLÈTHRES DE TERRES, DIS-TU ?
ET 2 BOVINS, 4 ÂNES, 36 ESCLAVES.
AS-TU DÉJÀ ASSISTÉ À UNE REPRÉSENTATION THÉÂTRALE ?
PAS DANS UN THÉÂTRE AUSSI GRAND QUE CELUI-CI, EN TOUT CAS.

HÉ, TOI! ARRÊTE ÇA, ESPÈCE DE SAC À MERDE!
LAISSE CE CHIEN TRANQUILLE!
KALLIOS! DÉSOLÉ, J'ÉTAIS JUSTE...
VIENS ICI, MON BEAU. TU VAS BIEN?
QU'IL EST MIGNON!
À MARONEIA, J'ÉTAIS AMIE AVEC UN TAS DE CHIENS.
J'ADORE LES CHIENS.

CRATÈS !
CRATÈS ?! VOUS VOULEZ QUE J'APPELLE UN MÉDECIN ?
HUH?
AAAH... BONJOUR !
JE VOUS AI VU VOUS FAIRE MALTRAITER, HIER.

OH, ÇA... TROIS FOIS RIEN, VRAIMENT.
UN LÉGER DIFFÉREND AVEC LE PROPRIÉTAIRE DE L'ÉCOLE DE SPORT. IL NE COMPREND RIEN À MON HUMOUR.
MAIS...
VOUS AVEZ DORMI À LA BELLE ÉTOILE ?
TOUJOURS. JE N'AI PAS DE MAISON. PAS BESOIN DE TOUT ÇA.
IL L'A VENDUE ET A JETÉ L'ARGENT.
OUI, DANS LA MER !
C'EST VRAI ?!
POUR QUE LES POISSONS PUISSENT S'ACHETER DES CHAUSSURES.

SEUL CELUI QUI SE CONTENTE DU MINIMUM EST VÉRITABLEMENT LIBRE.
TU COMPRENDS ?

LA NATURE NOUS A OFFERT UNE VIE AGRÉABLE, MAIS LES GENS L'ONT OUBLIÉ. SANS CESSE, ILS COURENT APRÈS LES PÂTISSERIES DE MIEL ET LES ONGUENTS CAPITEUX. ET QUAND ILS LES ONT, ILS VEULENT TOUT DE SUITE QUELQUE CHOSE DE NOUVEAU.
JAMAIS CONTENTS ! TROP CHAUD, TROP FROID, TROP PETIT, TROP VIEUX. C'EST UN PUITS SANS FOND.
PARCE QUE, TANT QUE TU NE CHANGES PAS TON MOI INTÉRIEUR, RIEN NE SERA JAMAIS SUFFISANT.

MMM!

TIENS, GOÛTE-MOI ÇA !

IV

autarkeia

autosuffisance

MÉTROCLÈS, SI JE VOUS AI FAIT VENIR, TA SŒUR ET TOI, CET APRÈS-MIDI...

AU SEIN DE NOTRE FAMILLE...

...C'EST POUR VOUS ANNONCER QUE J'AVAIS ÉCRIT À VOTRE PÈRE...
...POUR LUI DIRE QU'HIPPARCHIA AVAIT ÉTÉ CHOISIE COMME FUTURE ÉPOUSE DE MON FILS KALLIOS !

EN GAGE DES SENTIMENTS QUE J'ÉPROUVE POUR TOI, JE TE DONNE CETTE TIARE D'ARGENT. EXTRAIT DE NOS MINES, BIEN SÛR.
OH, MERCI ! QUELLE SPLENDEUR !
BIENVENUE DANS NOTRE FAMILLE.
BIEN JOUÉ !

ON L'A FAIT !
PÈRE DOIT ÊTRE FOU DE JOIE !

LE BONHEUR NE RÉSIDE PAS DANS LES POSSESSIONS MATÉRIELLES OU LA POSITION QUE VOUS OCCUPEZ DANS LA SOCIÉTÉ. LE VRAI BONHEUR, VOUS LE TROUVEREZ JUSTEMENT EN VOUS AFFRANCHISSANT DE CES DISTRACTIONS EXTÉRIEURES.

MAIS, POURTANT, POSSÉDER N'EST, EN SOI, NI BON NI MAUVAIS ?
CROIS-TU, HIPPARCHIUS ?

SI JE MÈNE UNE BONNE VIE INTÉRIEURE, QU'IMPORTE QUE JE VIVE DANS LE LUXE ?

Moi aussi, je raisonnais jadis de la sorte. Mais ne pense pas que tu es libre, tant que tu es gouverné par tes possessions, mon ami.
Je peux vivre dans le luxe sans en être dépendant.
Alors, je te pose la question : si tel est vraiment le cas, pourquoi t'accroches-tu aux richesses ?
Et à quel prix ?

LE LIN DE MILET EST CONNU POUR LA FINESSE DE SON TISSAGE...
... MAIS LE TISSU NUPTIAL LE PLUS LUXUEUX QUI SOIT...
...EST CET ÉGYPTIEN. DOUX AVEC DES REFLETS D'ARGENT, SON ÉCLAT ILLUMINERA VOTRE VISAGE.
IL EST MAGNIFIQUE.
D'ÉGYPTE, VRAIMENT ?
MAIS EST-CE VRAIMENT NÉCESSAIRE ? UNE SIMPLE LAINE NE SUFFIRAIT-ELLE PAS ?

TU ES FOLLE ? NOUS DEVONS FAIRE FORTE IMPRESSION. LA MOITIÉ D'ATHÈNES SERA LÀ.
VOTRE FUTUR MARI ET SA FAMILLE SONT DE BONS CLIENTS ET JE PEUX VOUS ASSURER QU'ILS CHOISISSENT TOUJOURS LES MATÉRIAUX LES PLUS SOMPTUEUX.
JE RECOMMANDE DE LE PORTER EN CEINTURE. IL VOUS RENDRA AUSSI BELLE QU'APHRODITE.

QUE PENSES-TU DES CHOSES QUE NOUS AVONS ACHETÉES POUR LE MARIAGE ?
JE N'AVAIS JAMAIS VU DE SI BELLES ÉTOFFES.

CE N'EST PAS QU'ELLES ME DÉPLAISENT.
ELLES VOUS VONT À RAVIR, N'EN DOUTEZ PAS.
JE ME DEMANDE JUSTE SI TOUT CE LUXE EST BIEN UTILE.
C'EST POURTANT SPLENDIDE !
VOUS AVEZ LA VIE DONT CHACUN RÊVE.

Et toi, es-tu heureuse ?
Je le suis pour vous. Je me réjouis pour vous.
Oui, mais toi ? Es-tu heureuse de ton sort ?
Enfin...
Pour une esclave, je m'en tire plutôt bien. Vous me traitez avec bonté. Je ne pourrais souhaiter meilleure maîtresse...
Mais personne ne choisit d'être esclave.

COMMENT EST-CE ARRIVÉ ?
NOTRE MAISON A ÉTÉ ATTAQUÉE PAR DES PIRATES.
MON PÈRE ÉTAIT AU TRAVAIL.
IL ÉTAIT BANQUIER À KAVÁLA. NOUS AVIONS UNE BELLE VIE.
TOUT S'EST ENVOLÉ EN UN CLIN D'ŒIL. ILS ONT PILLÉ NOTRE VILLA ET NOUS ONT EMMENÉS, MON FRÈRE, MA SŒUR ET MOI. ILS NOUS ONT RAPIDEMENT VENDUS COMME ESCLAVES. J'AVAIS 11 ANS.
J'ESSAIE DE NE PLUS Y PENSER.
J'AI EU DE LA CHANCE D'ÊTRE ACHETÉE PAR VOTRE FAMILLE.
MA SŒUR A FINI DANS UN BORDEL ET MON PETIT FRÈRE DANS LES MINES D'ARGENT.

TU PEUX TOUT PERDRE, JUSTE COMME ÇA !
LA SEULE CHOSE QUE PERSONNE NE PEUT T'ENLEVER UNE FOIS QUE TU L'AS, C'EST LA SAGESSE.

HÉ, TOI, LÀ ! TU RESSEMBLES À UN CHIEN. REGARDE-TOI, ESPÈCE DE VA-NU-PIEDS !
C'EST VRAI.
JE NE COMPRENDS PAS POURQUOI TU VEUX VIVRE DE LA SORTE.

Et pourquoi pas ? Je n'ai ni faim ni soif. Que me faudrait-il de plus ?
Par tous les dieux ! Arrête de déblatérer, mon gars !
Les dieux nous ont donné la Terre pour que nous la travaillions ! Insinues-tu qu'ils ont eu tort ?
Ils ont créé la nature dans toute sa merveilleuse diversité, avec la laine, le vin doux, les différentes sortes d'huile d'olive, les pierres précieuses, le miel et tout le reste.
Pour que nous puissions choisir parmi ces aliments et ces boissons succulents, que nous ayons des lits douillets, de belles maisons et que nous nous servions de toutes sortes d'ingénieuses inventions.
Que tu renonces volontairement à ces avantages est pure folie !

EN FAIT, IL Y A QUELQUE CHOSE DE VRAI DANS CE QUE TU DIS.
MAIS CONSIDÈRE CECI...
SI LES DIEUX NOUS ONT DONNÉ TOUT CELA PAR PURES BONTÉ ET GÉNÉROSITÉ...
...PENSES-TU QU'IL SOIT PLUS RAISONNABLE QUE TOUS TENTENT D'AMASSER LES RICHESSES SANS DISCERNEMENT...
...OU QUE CHACUN NE PRENNE QUE CE DONT IL A VRAIMENT BESOIN ?

De quoi avons-nous réellement besoin ?
D'une poignée de haricots et d'un esprit insouciant, c'est tout. Ce manteau est déjà un luxe.
Tu es un extrémiste, mec !
Je ne comprends pas pourquoi tu veux vivre comme ça !
Le mode de vie d'un riche n'est-il pas plus extrême ?

SILENCE, VOTRE FRÈRE EST DÉJÀ À LA MAISON.
JE SUIS EXTRÊMEMENT SERRÉ FINANCIÈREMENT.
SAIS-TU COMBIEN COÛTE UN MARIAGE ? RIEN QUE LA FÊTE DE FIANÇAILLES !
VITE, VITE.
L'ARGENT S'ÉVAPORE LITTÉRA-LEMENT !
JE LE SAIS. MON CHEVAL AUSSI ME COÛTE UNE FORTUNE. JE DOIS LE PAYER EN PLUSIEURS FOIS.
FAIS ATTENTION, TU SAIS. JE CONNAIS QUELQU'UN QUI A ÉTÉ EXPULSÉ PARCE QU'IL NE POUVAIT PLUS PAYER SON LOYER. ÇA PEUT T'ARRIVER COMME ÇA ! LE PAUVRE, SON MONDE S'EST ÉCROULÉ ...

POUR AVANCER, IL FAUT INVESTIR. CE MARIAGE FERA CONNAÎTRE VOTRE NOM À ATHÈNES.
MON CHEVAL EST UN FORMIDABLE DESTRIER. CETTE ACCÉLÉRATION QU'IL A !
JE PENSE DEMANDER L'AVIS...
... DE CRATÈS.
POUR UN CONSEIL FINANCIER ? AH, AH ! MAIS CE GARS EST UN CLOCHARD !

CRATÈS !
HÉ, CRATÈS !
TU PEUX M'AIDER ?
JE SUIS SI PAUVRE ! TOUJOURS À ME BATTRE POUR JOINDRE LES DEUX BOUTS, C'EST TELLEMENT FRUSTRANT ! ET HUMILIANT !
IL NE FAUT PAS AVOIR HONTE D'ÊTRE PAUVRE.
QUAND TU AS DAVANTAGE D'ARGENT, TOUT EST TELLEMENT PLUS FACILE.
PLUS FACILE, MOUAIS.
CELA DÉPEND DE LA FAÇON DONT ON VOIT LES CHOSES.

POSSÉDER PLUS QUE LES NÉCESSITÉS NATURELLES DE LA VIE N'EST QU'UN FARDEAU.
SAIS-TU QUE JE CONNAIS BEAUCOUP DE GENS RICHES QUI SONT AUSSI MALHEUREUX QUE TOI ?
TIENS, PRENDS CES DATTES.
SI TU TROUVES EN TOI LA FORCE DE VIVRE SIMPLEMENT ET DE TE DÉBARRASSER DE TA HONTE, TU POURRAS, UN JOUR, CÉLÉBRER LA VICTOIRE D'ÊTRE DEVENU UN ÊTRE LIBRE.

THÉODORA ET ELENI, MÈRE ET BELLE-SŒUR DE KALLIOS, JE SUIS HEUREUSE QUE VOUS AYEZ PU VENIR.
DÈS QUE J'AI SU QUE TU ÉTAIS SEULE, SANS L'AIDE ET LES CONSEILS D'UNE MÈRE, J'AI AUSSITÔT PENSÉ QUE JE POURRAIS ÊTRE UTILE.
TU FAIS DÉJÀ PRESQUE PARTIE DE LA FAMILLE.
OOOH, C'EST SUPERBE. TU AS VRAIMENT BIEN CHOISI.
QUEL TOMBÉ SOMPTUEUX !

TU LE PORTES SI ÉLÉGAMMENT.
SES LIGNES METTENT TES FORMES EN VALEUR.
POUR FAIRE RESSORTIR TA SILHOUETTE, JE PORTERAIS, DESSOUS, UNE TUNIQUE DE COULEUR CONTRASTÉE. JAUNE SAFRAN, PAR EXEMPLE.
QU'EN PENSES-TU ?
MOI ? OH... DÉSOLÉE, J'ÉTAIS PERDUE DANS MES PENSÉES.
DES PIERRES PRÉCIEUSES DANS LES CHEVEUX COMPLÉTERONT TA TENUE.
N'OUBLIE PAS DE BIEN BLANCHIR TA PEAU.
OUI, BIEN... FORMIDABLE !

MES AMIS M'ONT DÉCONSEILLÉ DE VENIR TE CONSULTER, MAIS J'AI TROUVÉ TON LIVRE SI INSPIRANT...

JE ME MOQUE DE TES FLATTERIES !
CONTENTE-TOI DE ME POSER TA QUESTION !
D'ACCORD. VOICI MA QUESTION : L'ARGENT S'ÉVAPORE LITTÉRALEMENT. TOUT AUGMENTE SANS CESSE.
HM...
QUE DOIS-JE FAIRE ?

HIPPARCHIUS, TU T'EN VAS DÉJÀ ? TU VIENS À PEINE D'ARRIVER.
HIPPARCHI...?
DÉSOLÉ, JE DOIS... EUH...
EXCUSEZ-NOUS, MAIS HIPPARCHIUS ET MOI DEVONS VOUS QUITTER.
VOUS VOUS CONNAISSEZ ?

BORDEL, HIPPARCHIA ! À QUOI JOUES-TU ?!
TU TE RENDS COMPTE DES RISQUES QUE TU PRENDS ?
SI TU AVAIS ÉTÉ DÉMASQUÉE, TU AURAIS PU TOUT PERDRE ! TON MARIAGE, TON HONNEUR, TON AVENIR... TOUT !
TU ÉTAIS AU COURANT ?
NON, NON, NON, ELLE NE SAVAIT RIEN.

PFF...
MON CŒUR. J'AI FAILLI FAIRE UNE CRISE CARDIAQUE QUAND JE T'AI VUE LÀ-BAS.
S'IL T'ARRIVE QUELQUE CHOSE, J'EN SERAI RESPONSABLE.
JE SUIS DÉSOLÉE.
QUE FAISAIS-TU LÀ-BAS ?
JE VOULAIS JUSTE ÉCOUTER QUELQUES LEÇONS DE CRATÈS. J'AI LU SON LIVRE ET...
" QUELQUES LEÇONS " ?! CE N'ÉTAIT PAS LA PREMIÈRE FOIS ?!

La sœur d'un de mes amis s'est mis en tête de marcher seule dans la rue et a été violée...
...ce qui veut dire que, désormais, elle ne peut plus être mariée, parce que, bien sûr, sans sa virginité, elle ne vaut plus rien. Imagine la honte pour sa famille.
Honte de quoi ?
N'essaie pas de me déstabiliser avec tes questions idiotes ! Ainsi va le monde !
Tu me promets que tu n'y retourneras plus jamais ? Ne me refais jamais un coup comme ça.
Nous ne le dirons à personne.

PÈRE ! GRAND-PÈRE ! VOUS ÊTES ENFIN LÀ !

NOUS AVONS FAIT UN VOYAGE ABOMINABLE ! DES VAGUES DEUX FOIS PLUS HAUTES QUE LE BATEAU !
C'EST VRAI ?!
PENDANT UN MOMENT, J'AI BIEN CRU QU'ON ALLAIT Y PASSER ! NOUS N'AVONS PU NOUS EN SORTIR QU'EN RÉDUISANT LA VOILURE AU MAXIMUM.

C'est un peu la folie, ici. Il y a encore tant à faire pour la cérémonie des fiançailles !
Les invitations, les musiciens... J'ai fait une liste. Kallios se charge du repas et des décorations.
Et j'ai changé d'orientation dans mes études. J'ai choisi un autre précepteur.
Encore une nouvelle école ? Est-ce bien raisonnable ?
Le philosophe Cratès. Il a une approche plus pratique... Très intéressante.
Avez-vous apporté la dot ?
Évidemment. Tu as mené ces négociations de main de maître, Métroclès.

KALLIOS EST LE MEILLEUR PARTI DONT JE PUISSE RÊVER.

LES FIANÇAILLES ONT LIEU DANS DEUX JOURS.
JE DEVRAIS ÊTRE HEUREUSE.

NON, NON !
RESTE...

JEUNE KALLIOS ! HEUREUX DE TE REVOIR EN DE SI AGRÉABLES CIRCONSTANCES.
VOUS AVEZ TELLEMENT BIEN FAIT DE M'ENVOYER VOTRE FILLE, AGATHON !
HIPPARCHIA EST EXACTEMENT LA DOUCE ÉPOUSE QUE JE RECHERCHAIS.
LA MÈRE PARFAITE POUR MA DESCENDANCE.

Si vous le voulez bien, nous allons faire un petit détour...
...pour vous montrer nos mines d'argent.
Nous ne les exploitons pas nous-mêmes, bien sûr. Nous louons les esclaves à un entrepreneur.

C'EST BEAUCOUP PLUS RENTABLE COMME ÇA.

COMBIEN D'ESCLAVES POSSÉDEZ-VOUS ?

PLUS DE 3000, RIEN QUE POUR LES MINES.
VOUS N'EN VOYEZ QUE QUELQUES-UNS. LES AUTRES TRAVAILLENT SOUS TERRE...

Les enfants vont dans les galeries les plus étroites...
Nous amortissons l'achat d'un esclave en trois ans environ...
Donc, après, c'est tout bénéfice.

CHERS INVITÉS, PARENTS, AMIS, COADMINISTRATEURS, LE MOMENT TANT ATTENDU EST ENFIN ARRIVÉ.
NOUS SOMMES RÉUNIS POUR SCELLER L'ACCORD OFFICIEL DES FIANÇAILLES.
JE CÈDE LA PAROLE À MON FILS KALLIOS.
BELLE HIPPARCHIA BIEN-AIMÉE, FILLE D'AGATHON...

VEUX-TU DEVENIR MA FEMME ?

EUH...
C'EST QUE...
AH AH! ELLE EST TROP INTIMIDÉE PAR UNE SI GRANDE ASSEMBLÉE.
ILS SE SONT PROMIS!

HOURRAAAAAAA!!!
LE MARIAGE AURA LIEU À LA PROCHAINE PLEINE LUNE !

C'ÉTAIT QUOI, ÇA ?
POURQUOI N'AS-TU RIEN DIT ?
JE L'IGNORE... JE...
EH BIEN, ÇA, C'EST DE LA BAGUE ! TU AS RÉUSSI !
NE NOUS REFAIS JAMAIS UNE PEUR PAREILLE, HEIN !

V

parrhèsia
liberté de parole

QUE FERAIS-TU SI TU ÉTAIS LIBRE ?

LIBRE ?...
SI TU N'ÉTAIS PLUS ESCLAVE.
JE PARTIRAIS À LA RECHERCHE DE MES PARENTS... LES EMBRASSER...
J'AIMERAIS APPRENDRE À PEINDRE DES VASES. JE ME BAIGNERAIS DANS LA MER.

PARFAIT ! DONC POUR LA CÉRÉMONIE DU MARIAGE, TOUT EST PRÊT OU PRESQUE. QU'EN EST-IL DU RITUEL DE L'OFFRANDE ?
LE VASE POUR L'EAU CONSACRÉE N'EST PAS ENCORE ARRIVÉ.

JE M'EN OCCUPE DEMAIN.
TOUT VA BIEN, MA FILLE ?

TU EN ES SÛRE ?
OH, OUI... ÇA VA...
AVEZ-VOUS VU LES ESCLAVES DANS LES MINES D'ARGENT ? DANS QUEL ÉTAT PITOYABLE ILS ÉTAIENT ?
OH, NE T'INQUIÈTE PAS POUR ÇA.
SI NOUS N'AMASSIONS PAS TOUTES CES RICHESSES, CES ESCLAVES N'AURAIENT PAS À TRAVAILLER AUTANT.
C'EST COMME ÇA. TU NE PEUX RIEN Y CHANGER. SANS LES MINES, ILS N'AURAIENT PLUS DE TRAVAIL.

Oui, mais ils seraient libres. Il n'est pas juste que nous soyons si riches et que nous exploitions les autres pour le devenir plus encore.
Tu ne dois pas te mettre dans un état pareil pour ça, ma fille. Cela ne t'apportera que de sombres pensées.
Réjouis-toi plutôt de notre bonne fortune. Et de ton mariage avec Kallios ! Tu réalises la chance que tu as ?

ELLE S'ENCOMBRE L'ESPRIT DE TOUTES SORTES DE CHOSES. LA PRESSION, SANS DOUTE.
BIEN SÛR, UN TEL MARIAGE CONSTITUE UN GRAND CHANGEMENT. UNE TOUTE NOUVELLE VIE L'ATTEND.
IL FAUT ENCORE ACHETER LE VOILE D'HIPPARCHIA.
JE VAIS DEMANDER À QUELQU'UN QUI COMPREND CE GENRE DE CHOSES DE L'AIDER À RÉSOUDRE SES PROBLÈMES.

TIENS ! TU PEUX LES AVOIR !
LES AVOIR ?
OUI, ILS SONT À TOI. JE N'EN AI PLUS BESOIN.
C'EST VRAI ?

TU PEUX AUSSI CHOISIR QUELQUES ROBES.

J'EN AI TROP. BEAUCOUP TROP.

VOTRE PÈRE VOUS DEMANDE EN BAS. IL Y A QUELQU'UN POUR VOUS.

JE VOUS REMERCIE D'ÊTRE VENU. MÉTROCLÈS VOUS TIENT EN HAUTE ESTIME.
SON FUTUR MARIAGE REND MA FILLE TRÈS NERVEUSE. J'AI CRU COMPRENDRE QUE VOUS POURRIEZ L'AIDER.

VOICI MA FILLE, HIPPARCHIA.

HIPPARCHIA?
UN DE MES ÉLÈVES SE NOMME HIPPARCHIUS.
IL A CESSÉ DE VENIR SUBITEMENT. C'EST TRÈS DOMMAGE. NOUS ÉTIONS DEVENUS AMIS.

JE SUIS CERTAINE QU'IL LE REGRETTE AUSSI. SANS DOUTE NE PEUT-IL FAIRE AUTREMENT.
OUI, JE LE PENSE. IL SE RETROUVE DANS UNE SITUATION INCONFORTABLE QU'IL N'AVAIT PAS PRÉVUE.
ÉCOUTEZ, JE SUIS NAVRÉ DE LA PERTE DE VOTRE AMI, MAIS POURRIONS-NOUS NOUS OCCUPER DE MA FILLE ?
VERRIEZ-VOUS UN INCONVÉNIENT À CE QUE JE L'EMMÈNE EN PROMENADE ? JE VOUDRAIS POUVOIR LUI PARLER SEUL À SEUL.

ON NE M'IMPRESSIONNE PAS FACILEMENT, MAIS LÀ...
C'ÉTAIT LE SEUL MOYEN !
ALORS, TOUT CE TEMPS...
HAHA HAHAHA !

HAHAHAHAHA
HAHAHAHAHA!!!
JE VOIS MAINTENANT TOUT LE COURAGE ET LA VOLONTÉ QUI RÉSIDENT EN TOI.
ET, DONC, TU VAS TE MARIER.
À UN HOMME CHARMANT QUI M'OFFRIRA LA VIE CONFORTABLE DONT J'AI TOUJOURS RÊVÉ, OUI.

DANS UNE GRANDE MAISON REMPLIE DE BEAUX VÊTEMENTS, D'OR, D'ARGENT ET DE TOUT CE QU'ON PEUT DÉSIRER.
MAIS SI ON RÉFLÉCHIT AU PRIX PAYÉ POUR TOUTES CES RICHESSES...
LES DESTRUCTIONS, LA SOUFFRANCE ...

JE NE PARLE PAS SEULEMENT DE L'EXPLOITATION NÉCESSAIRE À LA PRODUCTION DE CES CHOSES, MAIS AUSSI AUX CONFLITS QUE CELA PROVOQUE DANS LE MONDE, DE CES GENS MONTÉS LES UNS CONTRE LES AUTRES.
C'EST DE LA FOLIE.
ET TANT QUE JE CONTINUE À VIVRE DANS L'OPULENCE, J'Y PARTICIPE.

JE VEUX UNE VIE VRAIMENT HEUREUSE ! UNE BONNE VIE.

MAIS QUE PUIS-JE FAIRE ?

AAÏÏ!

SI TU SAIS COMMENT ATTRAPER UN SERPENT, JUSTE SOUS LA TÊTE...
...IL NE POURRA TE FAIRE AUCUN MAL.
À HIPPARCHIUS, JE DIRAIS : QUITTE CETTE VIE DE LUXE NÉFASTE. PRENDS TON INDÉPENDANCE.
POUR HIPPARCHIA, C'EST NATURELLEMENT UN PEU PLUS COMPLIQUÉ.

ET POURQUOI DONC ? HIPPARCHIUS ET MOI NE FAISONS QU'UN, APRÈS TOUT.
PARCE QUE, DANS CETTE SOCIÉTÉ IMBÉCILE, LES PERSPECTIVES QUI S'OFFRENT À UNE FEMME SONT TRÈS LIMITÉES.
ES-TU EN TRAIN DE ME DIRE QUE JE DEVRAIS ACCEPTER CETTE SITUATION ?
ALORS, QUE FAIS-TU DE LA DÉCONSTRUCTION DU SYSTÈME DE VALEURS ?!

TU AS RAISON.
TU SAIS... NOS CONVERSATIONS M'ONT VRAIMENT BEAUCOUP MANQUÉ.
J'AIMERAIS QU'ON N'AIT PAS À SE DIRE AU REVOIR.
ÉCOUTE, TON DESTIN T'EST DONNÉ. IL N'Y A RIEN QUE TU PUISSES FAIRE POUR Y ÉCHAPPER. MAIS TU PEUX TOUJOURS CHOISIR LA FAÇON DE GÉRER LES CIRCONSTANCES QUE TU DOIS TRAVERSER.
TU AS TROUVÉ UN MOYEN DE SUIVRE MES ENSEIGNEMENTS. FAIS CONFIANCE À TON MOI INTÉRIEUR POUR TROUVER UN MOYEN DE FAIRE À NOUVEAU AU MIEUX.

KALLIOS ! RAVI DE TE VOIR ! ENTRE DONC !

Nous n'avons plus qu'à régler les derniers détails.
Demain, c'est le grand jour !
N'est-ce pas grisant ?
Pardon ?
Je n'en veux plus !
Cette manière de vivre, ce mariage. Je n'en veux plus !

TU N'EN VEUX PLUS ?!
CE N'EST PAS À CAUSE DE TOI. JE SUIS ARRIVÉE À LA CONCLUSION QUE...
QU'EST-CE QUE ÇA SIGNIFIE ?!
ALLONS, ALLONS... ELLE N'EST PAS SÉRIEUSE.
TU ES DEVENUE COMPLÈTEMENT FOLLE ?
TU RESSEMBLES À TA MÈRE, HIPPARCHIA. ELLE AUSSI AVAIT UNE GRANDE FORCE DE CARACTÈRE...

MAIS CE QUE TU FAIS LÀ EST RADICAL. IL DOIT Y AVOIR UNE MEILLEURE SOLUTION.
TU VOIS ? RIEN DE GRAVE !
JE SAIS ! ACHÈTE-LUI UNE BELLE BIBLIOTHÈQUE.
UNE BIBLIOTHÈQUE ?
ELLE A TRÈS PEUR DE NE PLUS POUVOIR LIRE. C'EST TOUT.
C'EST CE QUI TE RENDRAIT HEUREUSE ?
NON. JE SUIS DÉSOLÉE, KALLIOS, MAIS LIRE NE ME SUFFIT PLUS. J'AI EU UNE RÉVÉLATION : CETTE CONFORTABLE VIE DE LUXE QUI NOUS SERAIT RÉSERVÉE À NOUS, RIEN QU'À NOUS, M'EST ODIEUSE.

CE MARIAGE EST ANNULÉ !
NON, NON ! ATTENDS ! TOUT PEUT ENCORE S'ARRANGER !
NOUS AUGMENTONS LA DOT !
OUBLIEZ ÇA ! JE NE VEUX PLUS RIEN AVOIR À FAIRE AVEC VOUS !
HIPPARCHIA, PRÉSENTE TES EXCUSES !

UNE VIE ODIEUSE ?! NON, MAIS ÇA NE VA PAS ?!
JE NE M'EXCUSERAI PAS POUR AVOIR DIT LA VÉRITÉ.
UN CAUCHEMAR ! C'EST UN CAUCHEMAR !

VI

askêsis

formation

OÙ SONT TES BAGAGES, HIPPARCHIA ?

JE NE VOIS LÀ RIEN QUI T'APPARTIENNE ET NOUS DEVONS PARTIR SUR-LE-CHAMP.
PÈRE, JE DOIS VOUS DIRE QUELQUE CHOSE.
JE LUI CHERCHERAI UN AUTRE PRÉTENDANT QUAND NOUS SERONS DE RETOUR À MARONEIA.
IL VA FALLOIR FAIRE VITE, PARCE QUE, LORSQUE LA NOUVELLE DE CE QUI S'EST PASSÉ ICI SE RÉPANDRA...
SA VALEUR SUR LE MARCHÉ S'EST ENCORE EFFONDRÉE...
...NOUS ALLONS DEVOIR PROSPECTER DANS LES FAMILLES MOINS HUPPÉES. IL N'Y A RIEN D'AUTRE À FAIRE.

Triste départ !
Il va falloir tenter de limiter notre perte d'honorabilité.
Le fils du bibliothécaire, peut-être. C'est un garçon raisonnable.
Père, Grand-Père, Métroclès...

Je suis désolée de vous décevoir...
Cela me désole aussi, ma fille. Je m'en veux surtout à moi-même.

Si je t'avais mariée plus jeune et si j'avais mieux...
Merci pour tout.
?
Hé!
!

QUE FAIS-TU LÀ, FEMME ? IL N'Y A RIEN POUR TOI, ICI.
J'AI AUTANT À FAIRE ICI QUE N'IMPORTE QUI !
OH, TU CROIS ÇA ?
RETOURNE À TON MÉTIER À TISSER.
VOUS NE PENSEZ QUAND MÊME PAS QU'UTILISER POUR MON DÉVELOPPEMENT PERSONNEL LE TEMPS QUE JE DEVRAIS CONSACRER AU TISSAGE EST UNE MAUVAISE DÉCISION ?

DÉCONSTRUISEZ LE SYSTÈME DE VALEURS !
MES YEUX SE SONT OUVERTS SUR LES ILLUSIONS DANS LESQUELLES J'AI GRANDI.
CES IDÉES SUR LES FEMMES ET LES HOMMES, SUR LES ANIMAUX, LES ESCLAVES, LA RICHESSE, LA LIBERTÉ ET LA PROPRIÉTÉ.
HIPPARCHIA !

ET VOUS ? VOUS ÊTES-VOUS DÉJÀ LIBÉRÉS DU TOURBILLON ?

AYEZ LE COURAGE D'AFFRONTER LA VÉRITÉ ! AYEZ LE COURAGE DE FAIRE DES CHOIX DIFFÉRENTS !

ET C'EST VALABLE POUR TOI AUSSI !
ET C'EST POURQUOI JE SUIS ICI.

CRATÈS, VEUX-TU M'ÉPOUSER ?

C'EST QUE... EUH... LES CYNIQUES NE SE MARIENT PAS, EN FAIT, PARCE QUE... EUH... C'EST...
CONTRE LES RÈGLES ?
JE N'AI RIEN À T'OFFRIR. PAS DE MAISON, PAS...
CE N'EST PAS CE QUE J'ATTENDS DE TOI.
C'EN EST ASSEZ !
CRATÈS, PEUX-TU, S'IL TE PLAÎT, LA RAMENER À LA RAISON ?!

HIPPARCHIA, ÉCOUTE...
QU'EST-CE QU'IL FAIT ?

...SI TU VEUX M'ÉPOUSER...
QUI EST CETTE FEMME ?

...ALORS, VOICI LE PATRIMOINE DE TON FUTUR ÉPOUX. C'EST TOUT CE QUE J'AI.
PARCE QUE TU NE POURRAS ÊTRE MA COMPAGNE QUE SI TU PARTAGES MON STYLE DE VIE. À TOI DE VOIR.

C'EST TOUT VU ! J'AI DÉJÀ LONGUEMENT RÉFLÉCHI À LA QUESTION.
?

ELLE NE VA PAS... ?!
NON !

NULLE PART AU MONDE, JE NE TROUVERAI UN HOMME PLUS RICHE !

VII

ataraxie

paix intérieure

...ET ENSUITE, ELLE A ENFILÉ LE MÊME GENRE DE HAILLONS RÉPUGNANTS !
ET MAINTENANT, ELLE VIT DANS LA RUE, AVEC CRATÈS, COMME DES CHIENS !
C'EST SCANDALEUX !
TRÈS COURAGEUSE. ELLE OSE VRAIMENT METTRE SES IDÉAUX EN PRATIQUE.
JE NE ME DÉBARRASSERAIS JAMAIS VOLONTAIREMENT DE CE QUE JE POSSÈDE.

Je crois que je comprends ce qu'ils veulent dire.
Nos valeurs sont erronées ? Qui a proféré cette absurdité ?
Cratès et la femme philosophe, ils peuvent t'aider. Le matin, tu les trouveras souvent près du vieil olivier sous lequel ils enseignent.
De même qu'Héraclès a vaincu, par son courage, les monstres de la Terre, ils se battent contre la colère, la jalousie, la cupidité et tous les autres monstres qui hantent l'esprit humain.

IO ARMANI
ZH 0270

Postface

J'ai découvert la philosophie lorsque j'ai commencé à jouer de la batterie dans un groupe. Le guitariste Tuuk l'avait étudiée et cela donnait parfois lieu à de longues discussions sur le sujet, dans notre pub local. C'est ainsi que j'ai découvert que les questions qui me préoccupaient à l'adolescence étaient des questions philosophiques. Qu'est-ce qui est bon ou mauvais ? Comment vivre ? Je me suis inscrite à quelques cours de philosophie à l'université de Groningue (Pays-Bas). C'était en 1996, j'avais 26 ans et je venais de commencer à faire de la BD. J'ai trouvé les débats et conférences sur l'éthique, la vérité et la société incroyablement fascinants. Pour moi, tout se mettait en place. J'ai alors pensé : maintenant, je sais ce que je veux faire de ma vie ; plus tard, lorsque je maîtriserais le médium, j'intégrerais ces théories philosophiques dans mes bandes dessinées.

À la fin de la trentaine, je me suis retrouvée en pleine crise existentielle : Ricky et moi voulions des enfants, mais ça n'a pas marché. Je cherchais un moyen de faire face à ce chagrin. Un tournant s'est produit à la bibliothèque. À ma grande surprise, j'y ai trouvé un livre d'Épicure, *De la nature*. J'avais lu à son sujet un texte qui m'avait séduite, mais je n'avais pas réalisé que les livres de cet ancien philosophe existaient encore.

Je l'ai emprunté, je l'ai ouvert, et à cet instant précis, là, dans la bibliothèque, j'ai soudain senti, à travers le texte de ce livre, que j'étais en contact avec ce philosophe grec d'il y a 2300 ans. « Rien n'est suffisant pour celui pour qui le suffisant est peu » est l'une de ses idées clés. J'ai trouvé d'autres livres de philosophes de cette époque. J'ai notamment lu Marc-Aurèle, Sénèque, Épictète... relisant encore et encore les maximes qui m'avaient le plus frappée. Il est remarquable de constater combien leur sagesse est encore applicable aujourd'hui.

Les philosophes du mouvement stoïcien m'ont particulièrement touchée. Ils m'ont appris que, souvent, ce ne sont pas les évènements qui vous rendent malheureux, mais votre propre vision de ces évènements. Si l'on élargit sa vision et que l'on analyse les faits, la situation peut être considérée sous un jour différent. C'est ainsi que les anciens Grecs et Romains m'ont aidée à traverser ma dépression. Depuis lors, le stoïcisme est devenu pour moi un principe directeur.

Hipparchia et Cratès sont aux sources de la philosophie stoïcienne : Zénon, le fondateur du stoïcisme, était un élève de Cratès. Mais je ne l'ai découvert que lorsque j'ai choisi Hipparchia comme sujet de ma nouvelle bande dessinée.

En 2012, je suis tombée sur Hipparchia dans le livre *Vrouwelijke Filosofen : een historisch overzicht* (*Femmes philosophes : un aperçu historique*) de Carolien Ceton. Son histoire m'a immédiatement séduite. J'admire l'intransigeance avec laquelle elle a renoncé aux possessions matérielles. Elle a eu le courage d'aller directement à l'encontre des normes de l'époque pour réaliser son idéal. J'y vois un message important pour nous et notre monde.

Hipparchia et Cratès appartenaient aux cyniques, un mouvement philosophique de l'Antiquité qui prônait un mode de vie minimaliste et contestait toutes les classes et positions sociales, les normes et les conventions. Une telle rupture dans la façon de penser et d'agir est ce dont nous avons le plus grand besoin dans notre société.

Il m'a fallu cinq ans pour écrire ce livre, de 2016 à 2021. Au cours de cette période, il y a eu une crise du crédit, Donald Trump a été président des États-Unis, le Royaume-Uni a quitté l'UE, les mouvements *#metoo* et *Black Lives Matter* ont émergé, la crise du Covid-19 a éclaté et le changement climatique est devenu de plus en plus évident. La philosophie cynique m'a accompagnée tout au long de ces évènements. En travaillant sur ce livre, j'ai moi-même été inspirée à maintes reprises par Hipparchia et Cratès. Ils sont devenus des exemples importants pour moi et j'espère qu'à travers ce livre, ils toucheront davantage de personnes.

Précisions

On sait peu de choses sur Hipparchia. La source la plus importante sur sa vie est un court paragraphe du livre *Vies et doctrines des philosophes illustres* de Diogène Laërce du troisième siècle (à ne pas confondre avec *Diogène le cynique*). Sur les 82 biographies de philosophes que compte cet ouvrage, elle est la seule femme.

Hipparchia venait d'une riche famille de Maroneia. Elle est tombée sous le charme des idées et du mode de vie de Cratès, un philosophe qui vivait comme un vagabond. Dès lors, elle n'était plus intéressée par d'autres prétendants, aussi riches et beaux fussent-ils. Cratès était le seul qu'elle voulait épouser.

Ses parents ont alors supplié ce dernier de faire changer d'avis leur fille. Mais Cratès n'a pas réussi à la convaincre et, à bout d'arguments, il a enlevé tous ses vêtements, sous ses yeux, et a dit : « Voici le marié, voici sa fortune, maintenant décide. Car tu ne pourras pas être ma femme si tu ne partages pas aussi mon mode de vie. » Hipparchia a rejoint Cratès. Ils vivaient ensemble dans les rues, sans rien posséder, et portaient le message cynique. Hipparchia assistait à des symposiums et prenait part à des discussions, ce qui était inouï pour une femme, à l'époque.

En avril 2018, Ricky et moi nous sommes rendus en Grèce afin de découvrir où vivait Hipparchia. Je voulais voir les plantes, les arbres, les montagnes, le littoral, la couleur de la terre et celle de la mer, pour me rapprocher de mon personnage. De Maroneia, nous nous sommes rendus à Athènes par bateau, suivant la route qu'Hipparchia a dû également emprunter.

Les sources qui m'ont le plus aidée à me faire une idée de la vie quotidienne dans l'Antiquité sont les musées archéologiques de Thessalonique et d'Athènes, les livres *Daily Life of the Ancient Greeks* (Robert Garland), *The Ancient City : Life in Classical Athens and Rome* (Peter Connolly et Hazel Dodge), *Goddesses, Whores, Wives, and Slaves : Women in Classical Antiquity* (Sarah B. Pomeroy) et divers sites web.

C'est ainsi que j'ai réussi à créer progressivement le monde d'Hipparchia. Derrière presque chaque détail de ce livre se cache une longue enquête, du flacon de parfum au salaire des esclaves dans les mines d'argent. Derrière chaque phrase prononcée par Cratès, il y a une recherche exhaustive de citations.

Une grande partie du fruit de mes recherches ne se retrouve pas dans le livre, comme le matériau de la fausse barbe que porte Hipparchia (du crin de cheval), ou le calendrier qu'ils utilisaient.

Vous trouverez ci-dessous un florilège de détails supplémentaires.

Page 20

La fascination d'Hipparchia pour la philosophie commence avec Socrate. Socrate est souvent considéré comme le fondateur de la philosophie occidentale. Les cyniques ont également été fortement influencés par ses idées.

Page 36

Dans l'Antiquité, les Grecs prenaient deux repas : le déjeuner et le dîner. Un repas typique se composait de pain, de soupe, de bouillie, d'œufs, de légumes et parfois de poisson. Le pain était garni de miel, d'huile d'olive ou de fromage. Ils aimaient aussi le raisin, les figues, les dattes, les pommes, les poires, les olives et les noix, et utilisaient l'ail. Le poisson était considéré comme un mets délicat. Les types de poissons les plus courants à Athènes étaient les anchois et les sardines. La viande était rarement consommée, principalement lors des festins. Les pommes de terre, le riz, les tomates et les bananes leur étaient inconnus.

Les cyniques ne prenaient qu'un seul repas par jour. Ils vivaient principalement de pain, de haricots, de lentilles, de figues, de céréales et de légumes. La plupart de ce qu'ils mangeaient, ils le ramassaient au bord de la route. Les gâteaux au miel, les huîtres, le poisson salé et le vin étaient considérés par les cyniques comme un luxe excessif.

Page 38

Un élève de Diogène, nommé Onésicrite, a accompagné Alexandre le Grand dans une expédition en tant que second et officier sur l'un de ses navires. Dans sa biographie, il écrit qu'au cours de l'expédition, ils ont trouvé des idées similaires à celles de Diogène parmi un groupe de « savants indiens », sur les rives de l'Indus. Le chef du groupe s'appelait Dandamis. Ils vivaient en reclus et pratiquaient une abstinence extrême pour entraîner leur corps et renforcer leurs capacités de réflexion.

Pyrrho était un peintre, et plus tard un philosophe, qui a également accompagné Alexandre le Grand en expédition. Il a été tellement impressionné par les savants indiens qu'il a plus tard fondé sa philosophie sceptique sur leurs enseignements.

Page 63
Ce dessin est un clin d'œil à l'arrivée à Athènes d'Astérix et Obélix dans *Astérix aux Jeux olympiques* (René Goscinny et Albert Uderzo).

Page 64
Il est difficile de déterminer exactement combien d'habitants comptait Athènes à cette époque. Il existe plusieurs estimations. J'ai utilisé celle de *The Ancient City: Life in Classical Athens and Rome*. À Athènes et dans ses environs, l'Attique, une région aussi grande que la Drenthe aux Pays-Bas, il y avait environ 45 000 « citoyens » et 20 000 « étrangers ». Les citoyens étaient les hommes adultes de descendance athénienne ; les étrangers étaient des hommes nés ailleurs. Si l'on inclut les femmes et les enfants et que l'on ajoute tous les esclaves, soit à peu près le même nombre que les personnes libres, la population totale a pu atteindre un demi-million d'âmes.

Page 69
Lorsque les femmes se maquillaient, elles se blanchissaient le visage, s'arrondissaient les joues, se fonçaient les sourcils et se coloraient les yeux et les lèvres. Elles utilisaient parfois du parfum.

Page 74
Kallios et sa famille sont des personnages fictifs, basés sur ce que l'on sait de la vie d'Hipparchia.

Page 77
1 plèthre (ou plethron) = 30,8 mètres.
Page 83
Le discours du vendeur pour vanter ses tissus est inspiré de slogans tirés de publicités de l'époque.

Pages 84-85
Pour cette scène, j'ai combiné les histoires de Diogène et de Cratès. Lorsque Diogène vit un homme stupide accorder un instrument à cordes, il lui dit : « N'as-tu pas honte de donner à ce bois les tons justes, alors que tu n'arrives pas à accorder harmonieusement ta propre âme à la vie ? » (Extrait

de : *Vies et doctrines des philosophes illustres*) Un jour, Cratès aurait griffé à sang un joueur de cithare, qui l'aurait ensuite rossé.

Page 97

Les deux grandes écoles de philosophie d'Athènes étaient l'Académie de Platon et le Lycée d'Aristote. Platon avait été l'élève de Socrate.

Métroclès, le frère d'Hipparchia, était également un philosophe. Il a suivi les cours de l'Académie et du Lycée, dispensés par les successeurs de Platon et d'Aristote. Plus tard, il a rejoint Cratès et le mouvement cynique.

Pages 89, 98

L'anecdote du pet est authentique.

Page 101

Le mot « cynique » a aujourd'hui un sens différent de celui qu'il avait dans l'Antiquité. En grec ancien, il signifie littéralement « chien ». Diogène était traité de chien parce qu'il vivait dans la rue et il a adopté ce surnom. Quand il se présentait, il disait : « Je suis Diogène, le chien. » Ce n'est que plus tard que le terme « cynique » a changé de sens, probablement sous l'influence de gens qui voulaient ridiculiser ce mouvement philosophique.

Page 102

Le premier et le plus connu des philosophes du mouvement cynique est Diogène, qui vivait dans un tonneau. L'histoire de sa rencontre avec Alexandre le Grand est une anecdote célèbre. Diogène se considérait comme plus riche que le roi, car il avait besoin de moins pour vivre. Diogène était un contemporain de Platon.

Page 109

Dans l'Athènes antique, les femmes étaient légalement considérées comme inférieures et traitées toute leur vie comme des mineures d'âge. On apprenait aux femmes à être silencieuses et invisibles. L'éminent homme d'État Périclès a dit : « On ne parle jamais des femmes respectables, que ce soit en bien ou en mal. » L'éducation des filles était axée sur les tâches ménagères. Théophraste pensait que les éduquer plus ne ferait que transformer les femmes en êtres paresseux et bavards.

Les cyniques ont réalisé que les rôles des hommes et des femmes pouvaient tout aussi bien être inversés. Les femmes devraient pouvoir faire du sport en public, comme les hommes, disait Diogène, qui considérait aussi qu'il ne devrait pas y avoir de différence dans l'habillement.

Pages 112-113

Cratès a écrit des tragédies et des épîtres dans un style proche de celui de Platon. Certains fragments ont été conservés.

« Écoutez ma prière. Donnez-moi de la nourriture pour mon estomac, tous les jours, mais donnez-la sans esclavage, qui rend la vie vraiment pauvre. Je serai utile plutôt qu'agréable à mes amis. Je ne désire pas de splendides richesses : je ne désire pas l'opulence du scarabée ni la puissance de la fourmi. Mais je désire acquérir une part de la justice, et ne pas accumuler plus d'argent qu'il m'est facile à transporter, facile à gagner, et utile à la vertu. » (Extrait de : *A History of Cynicism from Diogenes to the 6th Century A.D.*)

Page 118

Pour la fête de Métroclès, j'ai confié à Épicure un rôle de personnage secondaire. Cette rencontre est purement fictive, bien qu'elle aurait pu théoriquement se produire. Épicure a vécu en Grèce à la même époque et avait à peu près le même âge que Métroclès et Hipparchia. Il a fondé son école philosophique, le célèbre Jardin d'Épicure, à proximité d'Athènes.

J'ai pensé qu'il serait bon d'insérer dans cette scène une petite référence au *Symposion* de Platon. On y raconte comment un groupe d'hommes, dont Socrate, se réunit pour une fête. L'une des personnes présentes choisit un sujet de conversation et propose que chacun des convives faisant cercle raconte une histoire à ce sujet, « en partant de la droite » (dans la traduction de Gerard Koolschijn). C'est le début d'une longue conversation. Et c'est ainsi que commence la soirée chez Métroclès.

Pages 123-125

Dans mon histoire, les élèves de Cratès sont basés sur Monime, Ménédème et Cléomène, qui sont décrits dans *Vies et doctrines des philosophes illustres*. Monimus avait été l'esclave d'un banquier. Pour se libérer, il a prétendu être devenu fou. Ménédème était un curieux personnage, grand et à la longue barbe. Il portait une cape grise qui lui tombait jusqu'aux pieds, une ceinture violette, des bottes et un chapeau. Cleomenes était un écrivain. Les trois autres élèves de mon histoire, je les ai inventés. Je les ai appelés Theron, Ampelios et Ioannes, mais leurs noms n'apparaissent pas dans l'histoire.

Pages 129-130

Périctionè : « Une femme est harmonieuse, car pleine de sagesse et de calme. Son âme doit être extraordinairement pénétrée par la bonté pour être juste, courageuse et sage, embellie par l'indépendance et abhorrant les opinions vides. De la sorte, des choses agréables arrivent à une femme – pour elle-même, son mari, ses enfants et son foyer, peut-être même pour toute sa ville. [...] Ainsi, la femme harmonieuse ne se pare pas d'or ou de pierres précieuses venues de l'Inde ou d'ailleurs, elle ne tresse pas ses cheveux avec art et ne s'oint pas d'infusions de parfums arabes, elle ne poudre pas son visage plus clair ou plus rouge, ses sourcils et ses cils plus foncés, elle ne teint pas ses cheveux gris et ne se baigne pas constamment. La femme qui succombe à ces choses ne cherche qu'à éblouir les prétendants faibles d'esprit. Ce n'est pas la beauté extérieure, mais la beauté qui vient de la sagesse, qui donne satisfaction. » (Extrait de : *A History of Women Philosophers, Volume 1 / 600 BC - 500 AD*)

La mère de Platon s'appelait Périctionè. Il n'est pas certain qu'il s'agisse de la même Périctionè qui a écrit le texte *Sur l'harmonie des femmes*, mais cela reste plausible. Parmi les premières femmes philosophes de l'Occident, citons Théano, au sixième siècle avant J.-C., et Aspasie, au cinquième siècle avant J.-C.

Page 133

Pour autant que nous le sachions, deux femmes ont étudié à l'Académie de Platon : Axiothée de Phlius et Lasthénie de Mantinée. Elles assistaient aux cours habillées en hommes.

Pages 140-141

« Reface the currency » est une déclaration clé qui revient dans les livres anglophones que j'ai lus sur le cynisme. J'ai longtemps réfléchi à la meilleure traduction possible de cette phrase. D'abord « relooker », puis j'ai considéré « réviser », « restaurer », « recalibrer », « changer », « modifier » et « démasquer » (NDT : nous avons choisi « déconstruire » pour la version française). Pour « la monnaie », j'ai pensé aux « valeurs », aux « vraies valeurs », aux « habitudes », aux « conventions », au « cours » et au « système de valeurs ». En fin de compte, c'est devenu « déconstruire le système de valeurs ». Je pense que les mots ainsi réunis sonnent un peu solennels, mais j'y revenais sans cesse, car je pense qu'ils couvrent le mieux le contenu. Le terme original grec ancien est *paracharassein*.

Page 146

Le texte du dessin du bas est basé sur une citation de Sartre sur laquelle je suis tombée par hasard dans l'un des cours de philosophie que j'ai suivis à l'université, pendant la réalisation de ce livre.

Page 147

Aujourd'hui, le gouvernement néerlandais reconnaît que les animaux sont des êtres sensibles. « Dans la loi sur le bien-être animal, l'essence de l'animal est centrale. Cela signifie que les animaux ont une existence qui leur est propre. Les animaux sont des êtres sensibles.» (Gouvernement central) C'est pourquoi il est interdit, par exemple, de tuer des animaux ou de les utiliser pour fabriquer des produits d'origine animale. Cependant, cela ne s'applique pas aux ovins, bovins, caprins, porcins, ânes, chevaux, lapins et poulets, car ils font partie de la liste des espèces animales désignées comme exceptions par le gouvernement.

Page 154

La plupart des Grecs de l'époque considéraient l'esclavage comme normal. Les classes moyennes et supérieures d'Athènes considéraient la possession d'au moins un esclave comme une nécessité de base. La plupart avaient probablement deux ou trois esclaves ; les riches, entre dix et vingt, certains beaucoup plus.

Les cyniques considéraient l'esclavage comme contraire à la nature : purement basé sur des conventions.

Aujourd'hui, des dizaines de millions de personnes dans le monde vivent encore en esclavage.

Page 155

Un jour, Cratès a été battu à coups de fouet par le patron du gymnase et traîné par les pieds. Comme s'il s'en moquait éperdument, il s'est mis à chanter du Homère.

Page 163

Diogène Laërce décrit dans deux histoires différentes ce que Cratès a probablement fait de ses biens, lorsqu'il a décidé de vivre en accord avec la philosophie cynique. Selon l'une d'elles, il aurait ouvert ses terres à l'élevage public de moutons et a jeté tout son argent à la mer. Selon l'autre, il aurait vendu tout ce qu'il possédait et en aurait ensuite distribué le produit à ses concitoyens. Au centre de la ville, il aurait jeté sa fortune dans la rue comme un sac de ferraille. Entouré d'une foule, il proclamait haut et fort : « Par la présente, Cratès accorde sa liberté à Cratès. »

Dès lors, Cratès a vécu dans la rue, comme un vagabond, sans propriété et sans soucis. C'était un homme joyeux. Il s'habillait volontiers d'un manteau épais en été et d'un manteau fin en hiver pour s'habituer à la chaleur et au froid. Quand des membres de sa famille sont venus lui parler de philosophie, il s'est empressé de les chasser à coups de bâton. Les gens le trouvaient laid et se moquaient souvent de lui. Mais Cratès était également appelé « l'ouvreur de portes », car il entrait dans les maisons sans y être invité pour donner de sages conseils et était toujours accueilli avec plaisir.

En effet, il réconciliait les amis et les parents qui s'étaient disputés et aidait les gens à se débarrasser de leur colère, de leur avidité, de leur envie, de leur luxure, de leur peur et d'autres maux similaires.

Page 184

« Même le grand Métroclès aurait dit que, lorsqu'il étudiait avec Théophraste et Xénocrate, et malgré le fait qu'il recevait beaucoup de colis de nourriture, il vivait dans la crainte constante de mourir de faim et était toujours démuni et dans le besoin. Mais lorsqu'il a rencontré Cratès, il a découvert que, sans l'aide de sa famille, il pouvait non seulement se nourrir, mais aussi nourrir les autres. Car auparavant, il lui fallait des chaussures neuves, un manteau de laine, une foule d'esclaves et une maison spacieuse. Pour le repas commun, il avait besoin de pain blanc, de mets délicats, de vin doux et de toutes sortes de divertissements appropriés au style de vie auquel il était habitué ; car parmi les académiciens et les péripatéticiens, un tel style de vie était considéré comme une nécessité. Cependant, il n'y avait rien de tout cela chez Cratès. Avec lui, ses habitudes devinrent modestes, au point qu'il se contentait d'un simple manteau, de pain d'orge et de légumes. Il ne regrettait rien de son ancien mode de vie privilégié et ne trouvait rien à reprocher à son nouveau mode de vie. » (Télès, philosophe cynique du troisième siècle avant J.-C., dans : *The Cynic Philosophers from Diogenes to Julian*)

Page 189

Dans l'Antiquité, les canons de beauté pour une femme étaient un corps potelé, des cheveux longs, un teint pâle et un seul sourcil continu et foncé.

Page 200

Les animaux domestiques communs à cette époque étaient les oies, les chiens et les oiseaux. Alexandre le Grand avait un chien appelé Péritas.

Page 267

Lors d'une discussion qu'Hipparchia eut un jour avec un certain Théodorus, celui-ci ne répondit pas par une réplique, mais retroussa ses vêtements, disant : « Tu es la femme qui a abandonné la bobine près du métier à tisser ? ». Hipparchia lui répondit sans ambages : « Tu ne penses quand même pas qu'utiliser pour mon développement personnel le temps que je devrais consacrer au tissage est une mauvaise décision ? ». (Extrait de : *Vies et doctrines des philosophes illustres*)

Pages 280-281

Cratès a vécu approximativement de 365 à 285 avant J.-C., Hipparchia à partir de 346 avant J.-C. On ne connaît pas la date de sa mort. Hipparchia et Cratès ont eu un fils et une fille.

Le cynisme a survécu pendant des centaines d'années. Jusqu'au troisième siècle de notre ère, au moins, il y avait des cyniques qui propageaient leurs idées dans les rues. Leur influence se perpétue jusqu'à aujourd'hui dans le stoïcisme, qui possède les mêmes principes de base.

Remerciements

Je tiens à remercier mon mari Ricky van Duuren, qui a passé presque autant d'heures que moi à travailler sur ce livre.

Je suis également extrêmement reconnaissante à Job van Eck, Ignace Hendriks, Miriam van Reijen, Elik Lettinga et Caroline Mulder.

Merci au Fonds voor Creatieve Industrie, à tous les membres de Nijgh & Van Ditmar, à Paula Sturm, à Dieter Stok, à Barbara den Ouden et au Letterenfonds, à Ariska Bonnema du Kenniscentrum Filosofie, à Derek van Zoonen, à Marije Martijn, à Vic van de Reijt, à Jantine Wijnja, à Willem de Boer du Partij voor de Dieren et à Rowena Vanroy de l'Animal Rights Foundation.

Je tiens également à remercier mes parents,
mon frère, mes amis et mon chien.